W0087200

# FATBURNER- REZEPTE ZUM ABNEHMEN

## Die 50 besten Gerichte

**Bibliografische Information der Deutschen Nationalbibliothek:**
Die Deutsche Nationalbibliothek verzeichnet diese Publikation in der Deutschen National-
bibliografie. Detaillierte bibliografische Daten sind im Internet über http://d-nb.de abrufbar.

**Für Fragen und Anregungen:**
info@rivaverlag.de

Originalausgabe
1. Auflage 2018
© 2018 by riva Verlag, ein Imprint der Münchner Verlagsgruppe GmbH
Nymphenburger Straße 86
D-80636 München
Tel.: 089 651285-0
Fax: 089 652096

Text und Redaktion EatSmarter!: Katrin Koelle
Redaktion: Caroline Kazianka
Umschlaggestaltung: Isabella Dorsch
Umschlagabbildungen und Abbildungen im Innenteil: S. 13: StockFood / Eising Studio - Food
Photo & Video; S. 19: © StockFood / Gräfe & Unzer Verlag / Brauner, Michael; S. 20: © Stock-
Food / Newedel, Karl; S.37: © StockFood / Bialy, Boguslaw; S. 38: © StockFood / Gräfe & Un-
zer Verlag / Brauner, Michael; S. 39: © StockFood / Gräfe & Unzer Verlag / Brauner, Michael;
S. 57: © StockFood / Pugliese, Linda; S. 58: © StockFood / Bischof, Harry; S. 76: © StockFood /
Foodcollection; S. 77: © StockFood / Bialy, Boguslaw; S. 81: © StockFood / Cazals, Jean; S. 88:
© StockFood / Zabert Sandmann Verlag / Kramp + Gölling; S. 89: © StockFood / Heinze, Win-
fried; S. 94: © StockFood / Urban, Martina; S. 95: StockFood / Eising Studio - Food Photo &
Video; S. 96: StockFood; alle anderen Bilder: eatsmarter.de/westermann-buroh.de
Satz: inpunkt[w]o, Haiger (www.inpunktwo.de)
Druck: Florjancic Tisk d.o.o., Slowenien
Printed in the EU

ISBN Print 978-3-7423-0365-3
ISBN E-Book (PDF) 978-3-95971-880-6
ISBN E-Book (EPUB, Mobi) 978-3-95971-881-3

*Weitere Informationen zum Verlag finden Sie unter*

*www.rivaverlag.de*

Beachten Sie auch unsere weiteren Verlage unter www.m-vg.de

# INHALT

# SCHNELLER SCHLANK WERDEN MIT FATBURNERN

Die gute Nachricht zuerst: Wer abnehmen möchte, muss weder hungern noch super sportlich werden. Wenn Sie bewusst essen und überflüssige Kalorien – z.B. aus Zucker, Fast Food und Alkohol – einsparen, klappt es auch ohne großen Verzicht mit dem Abnehmen. Die auf den ersten Blick weniger gute Nachricht lautet allerdings: Jedes überzählige Kilo Körperfett entspricht einer Energiemenge von rund 7.000 Kalorien – um schlanker zu werden, müssen diese Kalorien rein rechnerisch vom Speisezettel gestrichen werden.

Denn nur wenn Ihr Körper mehr Energie verbraucht als bisher und dafür seine Fettdepots anzapfen muss, verbrennt er Körperfett und Sie verlieren an Gewicht. Sport ist dafür eine gute und wichtige Methode, denn er erhöht den Energiebedarf und sorgt für den Aufbau von Muskeln, der ebenfalls Kalorien kostet.

Aber nun die beste Nachricht: Sie können den Energieverbrauch noch weiter erhöhen und das innere Feuer zusätzlich anheizen, indem Sie möglichst viele Fatburner zu sich nehmen, die das Verbrennen von Körperfett beschleunigen können.

Gemeint sind damit keine Pillen oder Pülverchen – die gibt es zwar, aber die brauchen Sie nicht. Denn bestimmte Lebensmittel enthalten von Natur aus solche Fatburner; es reicht also, wenn Sie solche Lebensmittel möglichst oft auf den Tisch bringen.

In diesem Buch finden Sie unsere besten Rezepte für effektives Fatburning. Ausgesucht wurden sie, weil sie jeweils reichlich von den Stoffen enthalten, die als Fatburner eine Hauptrolle spielen. Schöner Nebeneffekt: Sie schmecken nicht nur alle toll, sondern sie sorgen außerdem noch dafür, dass Ihr Körper viele wichtige Nährstoffe in üppigen Mengen bekommt.

# WIE FUNKTIONIERT FATBURNING?

Abnehmen ohne Anstrengung – das klappt tatsächlich, haben Forscher herausgefunden. Die Fettverbrennung kommt nämlich nicht nur bei Bewegung, sondern z. B. auch nachts auf Touren: Während wir schlafen, schüttet der Körper Wachstumshormone aus.

Diese Hormone heizen die Fettverbrennung kräftig an. Bis zu 100 Gramm Körperfett schmelzen so im wahrsten Sinn des Wortes über Nacht. Studien zeigen, dass man im Schlaf bis zu zwei Kilo pro Monat abnehmen kann, ohne Kalorien zu zählen. Einzige Bedingung: Essen Sie abends bewusst eiweißreich und verzichten Sie möglichst auf Kohlenhydrate.

Morgens geht es dann richtig los mit der Fettverbrennung, denn jetzt schüttet das Gehirn das sogenannte Aufwachhormon ACTH aus. Es stellt sicher, dass der Körper sich aus seinen Fettreserven mit genügend Energie für den Tag versorgen kann. Um diese Aufgabe perfekt erledigen zu können, braucht der Körper aber zwei bestimmte Nährstoffe in ausreichenden Mengen.

# VITAMIN C HEIZT DIE FETTVERBRENNUNG AN

Damit die dafür zuständige Drüse im Gehirn das Aufwachhormon ACTH in der optimalen Menge ausschütten kann, sind einerseits Proteine bzw. Eiweiß nötig. Andererseits muss auch reichlich Vitamin C zur Verfügung stehen, weil es für die schnelle Aufnahme und optimale Verwertung von Eiweiß sorgt.

Vitamin C spielt aber außerdem eine eigenständige und wichtige Rolle als Fatburner, denn es hilft dem Körper dabei, Noradrenalin zu produzieren. Dieses Hormon bewirkt, dass Fett in Energie umgewandelt wird. Eigentlich brauchen wir das Noradrenalin, um Stresssituationen gut bewältigen zu können – es gibt aber auch die richtige Power für Sport und Training. Wird das Hormon aktiv, gelangt es in Sekundenschnelle über die Nervenbahnen in die Fettzellen, aus denen es große Mengen zur Energiegewinnung abzieht.

Doch selbst wenn Sie nur wenig oder keinen Sport machen, gilt: Vitamin C heizt die Fettverbrennung im Körper an. Enthalten ist es in Obst und Gemüse, deshalb ist es definitiv eine gute Idee, täglich mehrere Portionen frisches Grünzeug und in Maßen auch Früchte zu essen, wenn Sie abnehmen möchten.

In einigen Obst- und vor allem Gemüsesorten steckt besonders viel von diesem natürlichen Fatburner. Die folgende Tabelle zeigt Ihnen auf einen Blick die Toplieferanten für Vitamin C.

| Lebensmittel (100 g) | Vitamin C (in mg) | Entspricht Tagesbedarf zu ca. |
| --- | --- | --- |
| Acerola | 1.700 | 1.700 % |
| Hagebutte | 1.250 | 1.250 % |
| Sanddornbeere | 450 | 450 % |
| Brennessel | 300 | 300 % |
| Guave | 273 | 273 % |
| Sanddornsaft | 266 | 266 % |
| Johannisbeere (schwarz) | 189 | 189 % |
| Petersilie | 159 | 159 % |
| Bärlauch | 150 | 150 % |
| Paprikaschote | 120 | 120 % |
| Sauerampfer | 117 | 117 % |
| Brokkoli | 115 | 115 % |
| Meerrettich | 114 | 114 % |
| Rosenkohl | 112 | 112 % |
| Grünkohl | 105 | 105 % |
| Fenchel | 95 | 95 % |
| Papaya | 80 | 80 % |
| Chilischote | 76 | 76 % |
| Portulak | 72 | 72 % |
| Blumenkohl | 69 | 69 % |
| Kohlrabi | 63 | 63 % |
| Erdbeere | 62 | 62 % |
| Loganbeere | 56 | 56 % |
| Clementine | 54 | 54 % |
| Zitrone | 53 | 53 % |
| Spinat | 51 | 51 % |
| Wirsing und Rotkohl | 50 | 50 % |
| Orange | 50 | 50 % |
| Weißkohl | 48 | 48 % |
| Kiwi | 46 | 46 % |
| Grapefruit | 44 | 44 % |

Gut zu wissen: Die Devise »Viel hilft viel« stimmt bei Vitamin C als Fatburner auf jeden Fall. Die von der Deutschen Gesellschaft für Ernährung empfohlene Tagesmenge für Erwachsene liegt zwar bei nur rund 100 mg (Frauen 95 mg; Männer 110 mg). Der Bedarf steigt aber, wenn Sie Sport treiben, wenn Sie rauchen oder häufig Alkohol trinken – und natürlich auch, wenn Sie das Vitamin zum schnelleren Abnehmen nutzen möchten.

Um eine Überdosierung brauchen Sie sich übrigens keine Gedanken zu machen. Vitamin C ist wasserlöslich. Das heißt: Was Ihr Körper nicht speichern und verarbeiten kann, scheidet er einfach ungenutzt wieder aus.

## VERSCHÄRFTES ABNEHMEN MIT CHILI UND CO.

Chili als Fettkiller – kann das funktionieren? Klar ist, dass man mit Chili allein sicher kein Übergewicht abbauen kann. Fakt ist aber auch: Der Scharfmacher in den Schoten, Capsaicin genannt, kann die Wärmeproduktion (Thermogenese) im Körper um bis zu 25 Prozent erhöhen.

Der Körper gleicht diesen Anstieg der Temperatur durch Schwitzen aus. Der Schweiß verdunstet dabei auf der Haut und sorgt so für Abkühlung. Der Clou daran: Der ganze Vorgang verbraucht reichlich Energie und macht Chili dadurch zu einem effektiven Fatburner. Die Wirkung beginnt rasch und hält bis zu 30 Minuten nach dem Essen an.

Diesen Effekt haben übrigens nicht nur Chilischoten, sondern auch Cayennepfeffer, Peperoni, Chilisoßen- und -pasten und Harissa.

Ganz ähnlich wirkt Ingwer: Die asiatische Wurzel enthält zwar kein Capsaicin, dafür aber mit Gingerol und Shoagol gleich zwei Fatburner-Stoffe, die den Stoffwechsel ebenfalls durch Auslösen der Thermogenese auf Trab bringen und so die Fettverbrennung anheizen.

# DIE BESTEN FLÜSSIGEN FATBURNER

Abwarten und Tee trinken als erfolgreiche Methode zum Abnehmen? Klingt unglaublich, kann aber funktionieren. Denn Tee bringt gleich mehrere Pluspunkte für entspanntes Schlankwerden: Er enthält weder Fett noch Kalorien, er zügelt den Appetit, füllt den Magen, regt den Stoffwechsel an und fördert die Fettverbrennung.

Besonders effektive Fatburner sind vor allem diese Sorten:

- Grüner Tee enthält große Mengen an Polyphenolen und sorgt nach Studien des Deutschen Instituts für Ernährungsforschung (DIfE) in Potsdam für eine verringerte Aufnahme der Nahrung im Darm und gleichzeitig für eine gesteigerte Fettverbrennung. Für den optimalen Fatburner-Effekt empfiehlt das Forscherteam, vier bis fünf Tassen grünen Tee pro Tag zu trinken.
- Roter Pu-Erh-Tee gilt in der Traditionellen Chinesischen Medizin (TCM) schon seit fast 2.000 Jahren als besonders wirksam für Gesundheit und Figur. Zahlreiche Forschungen kamen zum Ergebnis, dass Pu-Erh-Tee den Körper entgiftet, den Stoffwechsel anregt und ebenfalls den Fettabbau ankurbelt.
  Am besten funktioniert der Fatburner-Effekt, wenn man den Pu-Erh-Tee auf nüchternen Magen – also jeweils vor den Mahlzeiten – trinkt.
- Schwarzer Tee hat zwar im Vergleich zu grünem und rotem Tee nicht ganz so umfassende Wirkungen auf die Gesundheit, aber als Fatburner macht er ebenfalls einen guten Job. Verantwortlich dafür ist das in schwarzem Tee enthaltene Teein, das dem Koffein in Kaffee entspricht. Koffein regt Stoffwechsel und Fettverbrennung an. Das gilt natürlich auch für Kaffee! Wichtig ist allerdings, dass Sie schwarzen Tee oder Kaffee ohne Milch und Zucker schlürfen.

### WASSER ALS FATBURNER

*Wer viel Wasser trinkt, nimmt mehr und einfacher ab: 2,4 Kilo durchschnittlich können Sie übers Jahr allein dadurch loswerden, dass Sie täglich 1,5 Liter Wasser trinken.*

*Dabei gilt: Je kälter, desto besser. Denn richtig kaltes Wasser muss der Körper erst mal auf Temperatur bringen – und das kurbelt den Stoffwechsel und damit die Fettverbrennung kräftig an.*

*Forscher der Berliner Charité konnten nachweisen, dass auf diese Weise der Energieumsatz im Körper durchschnittlich um etwa 30 Prozent steigt. Angenehmer Nebeneffekt: Das Wasser füllt den knurrenden Magen und dämpft Hungergefühle.*

# INFORMATIONEN ZU DEN NÄHRWERTEN

Die EatSmarter!-Bewertung informiert Sie auf die Schnelle, was das gewählte Rezept Ihrem Körper zu bieten hat. Dafür haben Ernährungsexperten jeweils alle wichtigen Inhaltsstoffe unter die Lupe genommen, die Vor- und Nachteile gegeneinander abgewogen und das komplette Gericht sorgfältig bewertet.

## KALORIEN/ENERGIE

Kalorienangaben finden Sie überall. Aber EatSmarter! bewertet auch die Menge an wichtigen Nährstoffen, also die Qualität eines Gerichts. Anhand der Bewertung erkennen Sie, wie viel Gutes im gewählten Gericht zu finden ist; man spricht dabei von der Nährstoffdichte.

## FETTE UND GESÄTTIGTE FETTSÄUREN

Beim Fett kommt es auf das ausgewogene Verhältnis seiner Bestandteile, der Fettsäuren, an. Weil die meisten von uns zu viele gesättigte Fettsäuren konsumieren, sind diese hier extra ausgewiesen.

## EIWEISS/PROTEIN

Eiweiß (Protein) gehört zu den Grundbausteinen menschlicher Zellen. Eiweiße steuern unzählige wichtige Prozesse im Körper, darunter den Stoffwechsel. In fast allen Nahrungsmitteln kommen Eiweiße vor – sowohl in pflanzlichen wie in tierischen. Die bekanntesten Proteinlieferanten sind Eier, Fleisch, Fisch und Milchprodukte sowie Hülsenfrüchte und Kartoffeln.

## KOHLENHYDRATE

Kohlenhydrate bilden – neben Eiweißen und Fetten – den größten Bestandteil unserer Ernährung. Kohlenhydrate bestehen hauptsächlich aus Zuckermolekülen und sind wichtige Energielieferanten für unseren Körper, beispielsweise für die Gehirn- und Muskelfunktionen.

## ZUCKER

Natürlich süße Früchte, Säfte und andere Naturprodukte spielen bei der Bewertung keine Rolle. Hier geht es nur um den haushaltsüblichen Zucker aus der Tüte und zuckerhaltige Süßungsmittel, die beim Zubereiten hinzugefügt werden.

## BALLASTSTOFFE

Ballaststoffe spielen eine wichtige Rolle bei der Sättigung und helfen, den Verdauungstrakt gesund zu halten. Deshalb gilt: je mehr Ballaststoffe, desto besser.

## VITAMIN C

Vitamin C sorgt für die schnelle Aufnahme und optimale Verwertung von Eiweiß. Außerdem heizt es die Fettverbrennung im Körper an. Enthalten ist es in Obst und Gemüse.

# FRÜHSTÜCK

# EXOTISCHES MÜSLI MIT TROPISCHEN FRÜCHTEN

*Pro Portion: Kalorien: 282; Fett: 6 g; gesättigte Fettsäuren: 3,3 g; Protein: 6 g; Kohlenhydrate: 49 g; Zucker: 10 g; Ballaststoffe: 9 g; Vitamin C: 128 mg*

🕐 **10 MIN.**

### Zutaten für 2 Portionen

1 kleine Papaya

1 Kiwi

1 nicht zu reife Kaki

100 g Kokosmüsli (Fertigprodukt)

200 ml Kokoswasser (Tetra-Pak)

1. Papaya halbieren, Kerne mit einem Löffel entfernen und die Papaya schälen. Das Fruchtfleisch fein würfeln.

2. Kiwi mit dem Sparschäler schälen und das Fruchtfleisch klein würfeln.

3. Kaki waschen, Stielansatz herausschneiden und das Fruchtfleisch würfeln. Müsli und Früchte in Schalen geben und mit dem Kokoswasser übergießen.

### NOCH SMARTER

*Kokoswasser bekommen Sie in Asia- und Bioläden, Reformhäusern, Drogeriemärkten und bei den großen Supermarktketten. Das praktisch fettfreie, vitamin- und mineralstoffreiche Wasser wird meist im handlichen Tetra-Pak angeboten als sogenannter isotonischer Durstlöscher.*

### WARUM GESUND

*Das Frühstücksmüsli macht fit, denn es ist fettarm und schont Magen und Darm. Reichlich komplexe Kohlenhydrate halten trotzdem lange satt, und die exotischen Früchte liefern viele Vitamine, Mineral- und sekundäre Pflanzenstoffe.*

# MANDARINEN-KIWI-SALAT

*Pro Portion: Kalorien: 110; Fett: 4 g; gesättigte Fettsäuren: 3,2 g; Protein: 2 g;
Kohlenhydrate: 15 g; Zucker: 0 g; Ballaststoffe: 4,9 g; Vitamin C: 57 mg*

🕐 **15 MIN.**

*Zutaten für 4 Portionen*

4 Kiwis

4 Mandarinen

2 EL Zitronensaft

2 EL Kokoschips (20 g)

1. Kiwis und Mandarinen schälen und in dünne Scheiben schneiden; beides in eine flache Form legen. Zitronensaft über die Früchte träufeln und etwa 10 Minuten ziehen lassen.

2. Inzwischen Kokoschips in einer Pfanne ohne Fett goldbraun rösten.

3. Fruchtscheiben abwechselnd in 4 Gläser schichten und mit dem Saft aus der Form beträufeln. Mit Kokoschips bestreuen.

# TROPISCHER OBSTSALAT MIT KOKOS

*Pro Portion: Kalorien: 291; Fett: 6 g; gesättigte Fettsäuren: 4,4 g; Protein: 3 g;
Kohlenhydrate: 52 g; Zucker: 11 g; Ballaststoffe: 6 g; Vitamin C: 108 mg*

🕐 40 MIN.

*Zutaten für 4 Portionen*

1 halbe Papaya (ca. 200 g)

1 kleine Mango (ca. 300 g)

125 g Physalis

1 mittelgroße Ananas (700 g)

1 Kiwi

1 Limette

3 EL Rohrzucker

3 EL Kokoschips

150 g Kokosjoghurt

2 EL Milch (1,5 % Fett)

1. Papaya schälen und entkernen, Mango schälen und das Fruchtfleisch vom Stein schneiden. Das Fruchtfleisch von beiden in mundgerechte Stücke schneiden.

2. Physalis aus den Pergamenthäuten lösen, waschen und halbieren.

3. Ananas schälen, vierteln, den Strunk herausschneiden. Fruchtfleisch in mundgerechte Stücke schneiden.

4. Kiwi schälen und in Stücke schneiden. Limette halbieren, auspressen und 2–3 EL Saft abmessen. Alle Obststücke in eine Schüssel geben und mit Limettensaft und Zucker mischen, 20 Minuten ziehen lassen.

5. Kokoschipsl in einer Pfanne ohne Fett hellbraun rösten.

6. Kurz vor dem Servieren Kokosjoghurt und Milch mit den Quirlen des Handmixers oder einem Schneebesen schaumig schlagen.

7. Kokossoße über dem Obst verteilen und geröstete Kokosraspel darüberstreuen.

## WARUM GESUND

*Exotische Früchte haben es in sich! Sie enthalten reichlich abwehrstärkendes Vitamin C (allein 100 Prozent des Tagesbedarfs bei vier Portionen) und darüber hinaus auch viele Beta-Carotinoide für den Zellschutz.*

### NOCH SMARTER

*Das Rezept ist so üppig bemessen, dass es problemlos auch als schlanker Mittagssnack durchgeht. Zur ultimativen Sättigung knabbern Sie dann einfach ein paar Vollkornkekse dazu.*

# GRAPEFRUIT-ORANGEN-SALAT MIT ROSMARINQUARK UND AHORNSIRUP

*Pro Portion: Kalorien: 156; Fett: 2 g; gesättigte Fettsäuren: 0,8 g; Protein: 10 g; Kohlenhydrate: 22 g; Zucker: 3 g; Ballaststoffe: 1,5 g; Vitamin C: 64 mg*

🕐 20 MIN.

### Zutaten für 2 Portionen

1 kleine Grapefruit (rosé, ca. 200 g)
2 kleine Orangen (ca. 300 g)
1 Zweig Rosmarin
2 TL Ahornsirup
100 g Magerquark
150 g Joghurt (1,5 % Fett)

1. Die Grapefruit und 1 Orange so dick schälen, dass die weiße Haut mit entfernt wird.

2. Die Fruchtfilets zwischen den Trennhäuten herausschneiden, dabei den Saft in einer Schüssel auffangen. Filets in 2 hohe Gläser oder auf 2 Teller geben.

3. Die 2. Orange halbieren, auspressen und 50 ml Saft abmessen.

4. Rosmarin waschen, trocken schütteln, Nadeln abzupfen und fein hacken.

5. Rosmarin mit dem abgemessenen Orangensaft, dem aufgefangenen Orangen- und Grapefruitsaft sowie dem Ahornsirup in einen kleinen Topf geben und etwa 1 Minute bei kleiner Hitze köcheln lassen. Anschließend abkühlen lassen.

6. Quark und Joghurt in eine Schüssel geben. Den abgekühlten Rosmarinsud unterrühren, über den Grapefruit-Orangen-Salat verteilen und servieren.

## WARUM GESUND

*Ein Frühstück mit so viel Aroma und so wenig Fett und Kalorien ist hitverdächtig! Dazu sieht der köstliche Salat nicht nur toll aus, sondern punktet auch noch mit mehr als der Hälfte des täglichen Bedarfs an Kalzium und Vitamin C.*

### NOCH SMARTER

*Die Bitterstoffe in der Grapefruit sind Balsam für Magen und Darm. Wer noch eins draufsetzen will, nimmt probiotischen Joghurt!*

# MANDARINEN-INGWER-QUARK

*Pro Portion: Kalorien: 400; Fett: 16 g; gesättigte Fettsäuren: 4 g; Protein: 19 g;*
*Kohlenhydrate: 44 g; Zucker: 13,6 g; Ballaststoffe: 6 g; Vitamin C: 85 mg*

🕐 **15 MIN.**

*Zutaten für 2 Portionen*

1 Stück Ingwer (2 cm)
5 Mandarinen
250 g Quark (20 % Fett)
2 EL Ahornsirup
10 Haselnusskerne, geschält

1. Den Ingwer schälen und sehr fein hacken. Den Saft von 2 Mandarinen auspressen und mit dem Quark verrühren.

2. Die restlichen Mandarinen schälen, die Spalten in kleine Würfel schneiden. Mit Ahornsirup und Ingwer unter den Quark rühren.

3. Die Nüsse grob hacken, in einer Pfanne ohne Fett goldbraun rösten und über den Mandarinenquark streuen.

# MANGOSALAT MIT SAURER SAHNE UND PAPAYA

*Pro Portion: Kalorien: 338; Fett: 12,9 g; gesättigte Fettsäuren: 7,6 g; Protein: 3,6 g; Kohlenhydrate: 58,6 g; Zucker: 4,3 g; Ballaststoffe: 7,2 g; Vitamin C: 205 mg*

🕐 20 MIN.

*Zutaten für 4 Portionen*

2 Mangos
1 Papaya
1 Orange
1 Mandarine
2 TL Zitronensaft
150 g saure Sahne
¼ TL Zimt
1 EL flüssiger Honig

1. Mangos schälen und das Fruchtfleisch in dünnen Spalten vom Stein schneiden.

2. Papaya ebenfalls schälen, halbieren und die Kerne mit einem Löffel entfernen. Das Fruchtfleisch in dünne Spalten schneiden.

3. Orange und Mandarine auspressen. Orangen-, Mandarinen- und Zitronensaft verrühren. Mit Mango- und Papayaspalten vermischen.

4. Saure Sahne, Zimt und Honig glatt rühren. Den Mango-Papaya-Salat in Schälchen anrichten, Soße darüber verteilen und nach Belieben noch mit etwas Zimt bestreut servieren.

# HAUPTGERICHTE

# GARNELEN-BRATREIS MIT KNACKIGEM GEMÜSE UND CASHEWKERNEN

*Pro Portion: Kalorien: 378; Fett: 17 g; gesättigte Fettsäuren: 3 g; Protein: 18 g;*
*Kohlenhydrate: 36 g; Zucker: 0 g; Ballaststoffe: 9,5 g; Vitamin C: 93 mg*

🕐 30 MIN.

### Zutaten für 2 Portionen

75 g Vollkornreis
Salz
2 Möhren (ca. 150 g)
1 gelbe Paprikaschote
20 g Cashewkerne
4 Stiele Koriander
1 Stück Ingwer (ca. 30 g)
2 Knoblauchzehen
50 g Mungobohnensprossen
1 Bio-Limette
1 Ei
1 TL Sojasoße
1 ½ EL Öl
75 g Tiefseegarnelen
(geschält und gekocht)
Pfeffer
Chilipulver nach Belieben

1. Den Reis nach Packungsanleitung in einem Topf mit Salzwasser garen. Inzwischen die Möhren waschen, putzen und mit dem Sparschäler schälen.

2. Paprikaschote vierteln, putzen und waschen. Cashewkerne hacken. Koriander waschen und trocken schütteln.

3. Möhren und Paprika in schmale Streifen schneiden.

4. Ingwer schälen und fein reiben. Knoblauchzehen schälen und pressen. Die Sprossen kalt abspülen und abtropfen lassen.

5. Limette waschen und in kleine Stücke schneiden. Ei und Sojasoße in einer Schüssel verquirlen.

6. Die Eimischung in einer Pfanne in 1 TL heißem Öl braten, herausnehmen und mit 2 Gabeln in kleine Stücke zerteilen. Pfanne auswischen.

7. Restliches Öl in der Pfanne erhitzen. Knoblauch, Ingwer, Paprika- und Möhrenstreifen dazugeben, unter häufigem Wenden 2–3 Minuten braten.

8. Den Reis abgießen und abtropfen lassen. Mit den Mungobohnensprossen zum Gemüse geben und weitere 2–3 Minuten braten.

9. Garnelen und Ei unter den Reis mengen und alles nochmals gut erhitzen. Mit Salz, Pfeffer und nach Belieben mit zusätzlich etwas Chilipulver würzen. Korianderblättchen abzupfen, mit den Cashewkernen über den Reis streuen und mit Limettenstücken garnieren.

### NOCH SMARTER

*Noch etwas schneller geht's, wenn Sie Reis vom Vortag übrig haben. Übrigens schmeckt die fixe Pfanne auch super, wenn Sie gekochte Vollkornnudeln statt Reis braten!*

## WARUM GESUND

*Der Reis wirkt sanft entwässernd und liefert zusammen mit dem Gemüse Ballaststoffe, die lang satt halten und Gallensäuren binden. Letzteres sorgt für eine Absenkung des Blutcholesterinspiegels. Garnelen sind eine sehr gute Quelle für Jod, das für die Schilddrüse unentbehrlich ist.*

# SCHARFER LINSENTOPF MIT TOFU UND CHILI-JOGHURT

*Pro Portion: Kalorien: 358; Fett: 12 g; gesättigte Fettsäuren: 1,5 g; Protein: 28 g;*
*Kohlenhydrate: 32 g; Zucker: 0 g; Ballaststoffe: 6,5 g; Vitamin C: 9 mg*

🕐 **20 MIN.**

### Zutaten für 2 Portionen

2 Knoblauchzehen
1 rote Zwiebel
1 Stück Ingwer (ca. 30 g)
1 EL Öl
100 g Rote Linsen
1 EL Madras-Currypulver
350 ml Gemüsebrühe
150 g Joghurt (0,3 % Fett)
1 kleine Zitrone
1 rote Chilischote
Salz
Pfeffer
150 g Tofu
etwas Koriander
zum Garnieren

1. Knoblauch und Zwiebel schälen, Ingwer mit dem Sparschäler schälen und alles grob hacken. Öl in einem Topf erhitzen. Zwiebel, Knoblauch und Ingwer darin kurz glasig dünsten.

2. Linsen und Currypulver dazugeben, ganz kurz mitdünsten. Brühe angießen, zugedeckt aufkochen lassen und alles bei mittlerer Hitze 10 Minuten garen.

3. Inzwischen Joghurt in eine Schüssel geben. Zitrone auspressen. Chilischote längs halbieren, entkernen, waschen und fein hacken. Mit dem Zitronensaft unter den Joghurt rühren. Mit Salz und Pfeffer würzen. Wer es weniger scharf mag, nimmt nur ½ Chilischote oder lässt die Schote sogar ganz weg.

4. Den Tofu in etwa 1 cm große Würfel schneiden und nach Belieben in einer beschichteten Pfanne kurz anbraten.

5. Tofu unter die Linsen mischen und kurz erwärmen. In Schälchen füllen, mit Koriander garnieren und mit dem Chili-Joghurt servieren.

### WARUM GESUND

*Besonders viel hochwertiges, pflanzliches Eiweiß liefern hier Linsen und Tofu gleich im Doppelpack. Reichlich Ballaststoffe machen nachhaltig satt und regen – wie auch die scharfen Gewürze – die Verdauung an. Linsen schützen außerdem Herz und Gefäße, senken den Blutdruck und den Cholesterinspiegel.*

## NOCH SMARTER

*Tofu gibt es in vielen verschiedenen Varianten: Probieren Sie zur Abwechslung mal herzhaften geräucherten Tofu oder den besonders aromatischen Kräutertofu.*

# MARINIERTE TILAPIAFILETS MIT PALMHERZEN-MANGO-SALAT

*Pro Portion: Kalorien: 291; Fett: 4 g; gesättigte Fettsäuren: 0,6 g; Protein: 40 g;*
*Kohlenhydrate: 21 g; Zucker: 3 g; Ballaststoffe: 4,5 g; Vitamin C: 48 mg*

🕐 **3 STD. 30 MIN.**

### Zutaten für 4 Portionen

1 Stück Ingwer (ca. 40 g)

2 Knoblauchzehen

1 rote Chilischote

1 EL Garam Masala

1 TL gemahlener Koriander

1 TL Kreuzkümmel

1 TL Kurkuma

300 g Joghurt (0,3 % Fett)

4 Tilapiafilets (à ca. 170 g)

1 kleine Salatgurke (ca. 250 g)

1 kleine vollreife Mango

2 Frühlingszwiebeln

220 g Palmherz
(Abtropfgewicht, Dose)

1 Limette

5 Stiele Koriander

Salz

Pfeffer

3 EL Mango-Chutney (75 g)

etwas kohlensäurehaltiges
Mineralwasser

1 EL Öl

1. Ingwer und Knoblauch schälen und grob hacken. Chilischote längs halbieren, entkernen, waschen und hacken.

2. Ingwer, Knoblauch und Chili in einen Mörser geben und mit den Gewürzen zu einer glatten Paste zerdrücken.

3. Gewürzpaste in einer Schüssel mit dem Joghurt – bis auf 3 EL für das Chutney – verrühren. Fischfilets waschen, trocken tupfen, im Joghurt wenden und mindestens 3 Stunden mit Frischhaltefolie abgedeckt im Kühlschrank ziehen lassen (marinieren).

4. Gurke schälen, längs halbieren und entkernen. Mango schälen und Fruchtfleisch in dünnen Scheiben vom Stein schneiden.

5. Frühlingszwiebeln putzen und waschen. Palmherzen, Gurke, Mango und Frühlingszwiebeln in feine Würfel bzw. Scheiben schneiden und in eine Schüssel geben.

6. Limette auspressen. Koriander waschen, trocken schütteln, Blätter abzupfen und grob hacken. Koriander mit den restlichen Salatzutaten mischen, mit 2 EL Limettensaft, Salz und Pfeffer würzen.

7. Mango-Chutney mit dem beiseitegestellten Joghurt und 3–4 EL Mineralwasser glatt rühren.

8. Die Fischfilets aus der Marinade heben, noch anhängende Soße mit einem Messerrücken abschaben.

9. Eine Grillpfanne erhitzen und mit dem Öl bestreichen. Die Fischfilets darin von jeder Seite etwa 4 Minuten grillen. Palmherzensalat, Fischfilets und Mangojoghurt dekorativ auf die Teller geben und sofort servieren.

## WARUM GESUND

*Das besonders aromatische Gericht enthält kaum Fett, dafür aber reichlich Niacin, Vitamin C und Kalium. Niacin gehört zu den B-Vitaminen und wird benötigt, um Energie aus Kohlenhydraten, Eiweißen und Fetten zu gewinnen. Vitamin C versorgt unsere Zellen mit Sauerstoff und unterstützt das Immunsystem. Und Kalium beeinflusst den Blutdruck positiv.*

# JAMAIKANISCHES RINDERFILET AUF MAISSALAT

*Pro Portion: Kalorien: 414; Fett: 16 g; gesättigte Fettsäuren: 3,7 g; Protein: 53 g; Kohlenhydrate: 10 g; Zucker: 0 g; Ballaststoffe: 3 g; Vitamin C: 49 mg*

🕐 **5 STD. 40 MIN.**

## *Zutaten für 4 Portionen*

1 gestr. TL Chilipulver

1 TL gemahlener Koriander

2 TL gemahlener Ingwer

1 TL gemahlener Piment

1 TL Zimt

Muskatblüte

1 TL Pfeffer

1 kleine Zwiebel

1 Knoblauchzehe

3 EL Rapsöl

4 Rinderfiletsteaks (à 170 g)

212 g Mais
(Abtropfgewicht, Dose)

2 Tomaten (ca. 125 g)

2 Frühlingszwiebeln

8 Stiele Koriander

1 Limette

Salz

Pfeffer

1 EL Olivenöl

½ Papaya (ca. 200 g)

2 kleine Schalotten

2 EL dunkler Rum oder
Espresso oder starker Kaffee

300 ml Kalbsfond

2 EL Tamarindenmark

1. Für die Gewürzmischung Chilipulver, Koriander, Ingwer, Piment, Zimt, 1 Msp. Muskatblüte und Pfeffer mischen.

2. Zwiebel und Knoblauch schälen und fein hacken. Mit den Gewürzen und 1 EL Rapsöl vermengen.

3. Die Filetsteaks trocken tupfen, gründlich mit der Gewürzmischung einreiben und mindestens 5 Stunden mit Frischhaltefolie bedeckt im Kühlschrank ziehen lassen (marinieren).

4. Mais abtropfen lassen. Tomaten waschen, vierteln, dabei die Stielansätze entfernen. Tomaten entkernen und grob hacken. Frühlingszwiebeln putzen, waschen und das Weiße in feine Ringe schneiden. Koriander waschen, trocken schütteln, von 4 Stielen die Blätter abzupfen und hacken. Mais, Tomaten, Frühlingszwiebelringe und gehackten Koriander in eine Schüssel geben.

5. Limette auspressen. 2 EL Limettensaft, Salz und Pfeffer verrühren, Olivenöl unterschlagen. Die Soße in die Schüssel geben und alles gut mischen.

6. Papaya schälen, entkernen und Fruchtfleisch in feine Würfel schneiden. Vorsichtig unter den Maissalat heben.

7. Schalotten schälen und fein würfeln.

8. Das restliche Rapsöl in einer beschichteten Pfanne erhitzen. Die Rinderfilets leicht salzen und im heißen Öl von jeder Seite 3–5 Minuten – je nach gewünschtem Garzustand – braten.

9. Fleisch aus der Pfanne nehmen, in Alufolie wickeln und etwas ruhen lassen.

10. Schalottenwürfel in die Pfanne geben und kurz andünsten. Rum einrühren und den Kalbsfond in die Pfanne gießen.

11. Tamarindenmark in die Pfanne geben und alles bei mittlerer Hitze in 10–20 Minuten um die Hälfte einkochen lassen. Mit Salz und Pfeffer würzen.

12. Ringausstecher nacheinander auf die Teller setzen und den Maissalat hineinfüllen. Die Steaks daneben anrichten; den angesammelten Fleischsaft in die Soße geben und kurz erhitzen. Soße dekorativ um die Steaks verteilen und Steaks mit dem restlichen Koriander garniert sofort servieren.

# HÄHNCHENFILET AUS DER FOLIE MIT ARTISCHOCKEN, TOMATEN UND ZUCCHINI

*Pro Portion: Kalorien: 289; Fett: 5 g; gesättigte Fettsäuren: 1 g; Protein: 46 g; Kohlenhydrate: 10 g; Zucker: 0 g; Ballaststoffe: 13,5 g; Vitamin C: 62 mg*

🕐 30 MIN.

## Zutaten für 2 Portionen

1 Zucchini (ca. 250 g)

Salz

4 eingelegte Artischockenherzen (Dose oder Glas)

40 g getrocknete Tomaten (ohne Öl)

2 TL Olivenöl

2 Hähnchenbrustfilets (à ca. 170 g)

Pfeffer

125 ml Weißwein oder Hühnerbrühe

3 Stiele Basilikum

........................................

### WARUM GESUND

*Hier stimmt in puncto Nährstoffe einfach alles! Der Inhalt der Päckchen regt die Galle an, senkt den Cholesterinspiegel, schont Herz und Gefäße und lindert Eisenmangel. Das Garen in Folie schont außerdem die Vitamine und spart Fett.*

........................................

1. Zucchini waschen, putzen und der Länge nach in dünne Scheiben hobeln. Leicht salzen und 10 Minuten in einer Schüssel ziehen lassen.

2. Backofen auf 220 °C Ober-/Unterhitze (Umluft: 200 °C, Gas: Stufe 3–4) vorheizen.

3. Inzwischen die Artischockenherzen abtropfen lassen und vierteln.

4. Getrocknete Tomaten in schmale Streifen schneiden.

5. Aluminiumfolie in 2 Stücke von je ca. 30 x 30 cm zuschneiden. Jeweils mit 1 TL Olivenöl bestreichen.

6. Die Zucchinischeiben darauf verteilen.

7. Hähnchenbrustfilets abspülen, trocken tupfen und auf die Zucchini legen. Mit Salz und Pfeffer würzen.

8. Tomaten und Artischockenherzen auf den Filets verteilen. Leicht salzen und pfeffern.

9. Die Folienstücke päckchenartig verschließen, dabei oben eine kleine Öffnung lassen.

10. Jeweils die Hälfte des Weißweins bzw. der Brühe in ein Päckchen geben und die Folie nun fest verschließen.

11. Die Päckchen auf ein Backblech legen und im vorgeheizten Backofen etwa 30 Minuten garen.

12. Basilikum waschen, trocken schütteln und die Blättchen abzupfen. Päckchen aus dem Ofen nehmen, vorsichtig öffnen (der Dampf ist sehr heiß!) und den Inhalt auf 2 Teller geben. Mit Basilikum garnieren und servieren.

### NOCH SMARTER

*Wer bei Gästen Eindruck machen und sie mit etwas Besonderem verwöhnen möchte, kann ohne viel Mehraufwand an Zeit das Rezept verdoppeln oder verdreifachen. Übrigens: Auch Kinder greifen hier bestimmt gern zu! Dann aber den Wein auf jeden Fall durch Brühe ersetzen.*

# BUNTE WEIZENPFANNE MIT ZUCCHINI, MÖHREN UND PAPRIKASCHOTEN

*Pro Portion: Kalorien: 257; Fett: 8 g; gesättigte Fettsäuren: 1,9 g; Protein: 8 g; Kohlenhydrate: 36 g; Zucker: 2 g; Ballaststoffe: 9 g; Vitamin C: 55 mg*

🕐 55 MIN.

*Zutaten für 2 Portionen*

120 g vorgegarte Weizenkörner (fertig gekauft)

Salz

1 Msp. Safranfäden

2 Zwiebeln (à ca. 50 g)

1 Knoblauchzehe

1 EL Rapsöl

1 TL Butter (5 g)

1 kleine Zucchini (ca. 125 g)

1 kleine Möhre (ca. 80 g)

½ gelbe Paprikaschote (ca. 100 g)

½ kleine Zitrone

½ kleine Orange

1 TL Tomatenmark

1 TL flüssiger Honig

Pfeffer

½ TL Paprikapulver (edelsüß)

3 Stiele glatte Petersilie

1. Weizenkörner nach Packungsanleitung in Salzwasser mit dem Safran zubereiten.

2. Zwiebeln und Knoblauch schälen. Zwiebeln fein hacken.

3. Öl und Butter in einer Pfanne erhitzen. Zwiebeln darin bei geringer Hitze in etwa 6–8 Minuten glasig dünsten. Nach 3 Minuten den Knoblauch durch eine Knoblauchpresse dazugeben.

4. Zucchini und Möhre putzen. Paprika halbieren und entkernen (eine Hälfte beiseitelegen und später anderweitig verwenden), Möhre schälen. Alles waschen und fein würfeln.

5. Das Gemüse zu den Zwiebeln in die Pfanne geben und scharf anbraten. Alles zugedeckt noch etwa 10 Minuten bei mittlerer Hitze dünsten.

6. Zitrone und Orange auspressen. Den Saft mit Tomatenmark und Honig unter das Gemüse rühren.

7. Die Weizenkörner untermischen. Mit Salz, Pfeffer und Paprika würzen. Alles zusammen nochmals gut erhitzen.

8. Petersilie waschen, trocken schütteln, Blättchen abzupfen und sehr fein hacken. Über die Weizenpfanne streuen und servieren.

### NOCH SMARTER

*Sie können die Weizenpfanne auch als Beilage zu Fischfilet, Schnitzel, Steak, Hähnchenbrust oder Tofu servieren. Dann genügt die angegebene Menge für 3–4 Portionen.*

## WARUM GESUND

*Die vegetarische Pfanne hat es in sich: Getreide bringt energiespendende Kohlenhydrate und Ballaststoffe plus B-Vitamine für Nerven und Stoffwechsel. Das Gemüse sorgt für jede Menge Vitamin A und C für gutes Sehvermögen und eine intakte Immunabwehr.*

# ORIENTALISCHE GEMÜSESUPPE MIT KICHERERBSEN UND KORIANDER

*Pro Portion: Kalorien: 305; Fett: 9 g; gesättigte Fettsäuren: 1,6 g; Protein: 20 g; Kohlenhydrate: 34 g; Zucker: 0 g; Ballaststoffe: 16 g; Vitamin C: 135 mg*

🕐 **40 MIN.**

### Zutaten für 2 Portionen

2 Möhren (ca. 200 g)

1 große Fenchelknolle (ca. 400 g)

1 Zwiebel

2 Knoblauchzehen

1 Stück Ingwer (ca. 20 g)

1 EL Olivenöl

1 getrocknete Chilischote

2 Stück Sternanis

½ TL gemahlener Kreuzkümmel

½ TL Piment

Salz

Pfeffer

500 ml Gemüsebrühe

2 Orangen

150 g Kichererbsen (Abtropfgewicht, Dose)

½ Bund Koriander

100 g Frischkäsezubereitung (0,2 % Fett)

### NOCH SMARTER

*Die Suppe soll ganz vegan sein? Kein Problem, dann ersetzen Sie den Frischkäse durch weichen Seidentofu.*

1. Möhren waschen, putzen, schälen und in Stifte schneiden.

2. Fenchel waschen und putzen. Knolle halbieren, den harten Mittelstrunk herausschneiden und den Fenchel in Würfel schneiden.

3. Zwiebel, Knoblauch und Ingwer schälen und in feine Würfel schneiden.

4. Öl in einem Topf erhitzen. Zwiebel, Knoblauch und Ingwer darin andünsten. Chili, Sternanis, Kreuzkümmel und Piment zugeben. Unter Rühren dünsten, bis die Gewürze duften.

5. Möhren und Fenchel zugeben und weitere 3 Minuten dünsten, dabei häufig rühren.

6. Gemüse mit Salz und Pfeffer würzen, Brühe angießen und aufkochen.

7. Orangen halbieren, auspressen und den Saft zur Suppe geben. Alles bei kleiner Hitze etwa 10 Minuten köcheln lassen.

8. Inzwischen Kichererbsen in einem Sieb mit kaltem Wasser abspülen. Abtropfen lassen, zur Suppe geben und alles weitere 10 Minuten köcheln lassen.

9. Koriander waschen, trocken schütteln und die Blätter abzupfen. Die Gemüsesuppe mit Salz, Pfeffer und mit Gewürzen nach Belieben abschmecken. In tiefen Tellern oder Suppentassen anrichten.

10. Mit 2 Teelöffeln kleine Nocken aus dem Frischkäse formen und auf die Suppe setzen. Koriander darüberstreuen und sofort servieren.

## WARUM GESUND

*Viel Geschmack und jede Menge wertvolle Nährstoffe stecken in dem aromatischen Eintopf: Kichererbsen glänzen mit Ballast- und Mineralstoffen, das frische Gemüse und die Orangen bringen den gesamten Tagesbedarf an Vitamin E und C.*

# PUTENSTEAKS MIT ORANGEN

*Pro Portion: Kalorien: 300; Fett: 8 g; gesättigte Fettsäuren: 1 g; Protein: 37,5 g;*
*Kohlenhydrate: 17,5 g; Zucker: 5 g; Ballaststoffe: 2,5 g; Vitamin C: 75 mg*

🕐 **50 MIN.**

### Zutaten für 4 Portionen

4 Putensteaks (à ca. 150 g)
2 EL Rapsöl
Salz
Pfeffer aus der Mühle
2 Bio-Orangen
1 Orange
1 EL Zucker
2 TL Lebkuchengewürz
½ TL Chilipulver
(nach Belieben)
½ Bund Zitronenmelisse

1. Die Putensteaks waschen und trocken tupfen.

2. 1 EL Rapsöl in einer Pfanne sanft erhitzen. Die Steaks von beiden Seiten bei sehr milder Hitze zugedeckt eher ziehen lassen als braten. Mit Salz und Pfeffer würzen, aus der Pfanne heben und warm stellen.

3. Die Bio-Orangen waschen und trocken reiben. Mit einem Zestenreißer der Länge nach Zesten herunterziehen und fein hacken.

4. Anschließend die beiden Orangen rundum von der weißen Haut befreien und in nicht zu dicke Scheiben schneiden. Übrige Orange halbieren und auspressen.

5. Zum Bratensatz in der Pfanne das übrige Rapsöl und die gehackte Orangenschale (Zesten) geben und leicht erhitzen. Den Zucker zufügen und kurz karamellisieren lassen.

6. Die Gewürze kurz mitbraten und alles mit dem Orangensaft ablöschen. Die Soße auf etwa ein Drittel einköcheln lassen. Mit Salz und Pfeffer würzen, die Orangenscheiben hineinlegen und zugedeckt 1–2 Minuten köcheln, dabei einmal wenden.

7. Zitronenmelisse waschen, trocken schütteln, Blätter abzupfen und hacken.

8. Die Steaks mit den Orangenscheiben und der Gewürzsoße anrichten und mit Zitronenmelisse garniert servieren.

# LINSEN-CURRY-TOPF MIT PAPRIKA

*Pro Portion: Kalorien: 350; Fett: 8 g; gesättigte Fettsäuren: 0 g; Protein: 21 g; Kohlenhydrate: 40 g; Zucker: 0 g; Ballaststoffe: 18,5 g; Vitamin C: 174 mg*

🕒 **50 MIN.**

### Zutaten für 4 Portionen

300 g Puy-Linsen
1 Zwiebel
1 Knoblauchzehe
2 EL Olivenöl
2 rote Paprikaschoten
800 ml Gemüsebrühe
400 g stückige Tomaten
Salz
Pfeffer aus der Mühle
1 TL Currypulver
1 EL frisch gehackter Kerbel
1 EL frisch gehackter Koriander

1. Die Linsen in ein Sieb geben, mit Wasser abspülen und gut abtropfen lassen.

2. Die Zwiebel und den Knoblauch abziehen, fein hacken und in einem Topf mit dem Öl glasig dünsten.

3. Die Paprika waschen, halbieren, von den Kernen und weißen Innenwänden befreien und in kleine Würfel schneiden.

4. Paprikastücke und Linsen zu der Zwiebelmischung geben, ebenfalls kurz andünsten.

5. Brühe angießen, Tomaten zugeben. Mit Salz, Pfeffer und Curry würzen; alles bei mittlerer Hitze ca. 20 Minuten köcheln lassen.

6. Kerbel und Koriander untermischen, Linsen-Curry-Topf abschmecken und servieren.

# SCHOLLE MIT ORANGENSOSSE

*Pro Portion: Kalorien: 263; Fett: 9,1 g; gesättigte Fettsäuren: 1,8 g;*
*Protein: 28,8 g; Kohlenhydrate: 13,5 g; Zucker: 0 g; Ballaststoffe: 3,1 g;*
*Vitamin C: 135 mg*

🕐 **25 MIN.**

*Zutaten für 4 Portionen*

1 großer Eisbergsalat
2 große Orangen
2 EL Rapsöl
1 EL Essig
100 ml Buttermilch
Jodsalz
Pfeffer aus der Mühle
2 EL frisch gehackte Minze
4 Schollenfilets (à 150 g)
140 ml Orangensaft
2 EL saure Sahne
Cayennepfeffer
nach Belieben

1. Salat putzen, waschen und in mundgerechte Stücke zupfen. Die Orangen schälen und das Fruchtfleisch klein schneiden. Beides in einer Schüssel mischen.

2. 1 EL Öl mit Essig, Buttermilch, Salz und Pfeffer verrühren. Mit dem Salat mischen und mit Minze bestreuen.

3. Die Schollenfilets mit Salz und Pfeffer würzen. In einer beschichteten Pfanne im restlichen Öl bei mittlerer Hitze von beiden Seiten jeweils 3–4 Minuten braten. Fisch herausnehmen und warmstellen.

4. Bratensatz mit Orangensaft ablöschen, saure Sahne unterrühren und mit dem Cayennepfeffer nach Belieben würzen. Schollenfilets mit Soße und Salat servieren.

# SPROSSENPFANNE MIT HEILBUTT UND GERÖSTETEN NORI-ALGEN

*Pro Portion: Kalorien: 331; Fett: 14 g; gesättigte Fettsäuren: 1,7 g; Protein: 41 g;*
*Kohlenhydrate: 9 g; Zucker: 1 g; Ballaststoffe: 8,5 g; Vitamin C: 25 mg*

⏱ 35 MIN.

## Zutaten für 4 Portionen

300 g grüne Bohnen

Salz

400 g Sprossenmix

1 Zitrone

2 Blätter Nori-Algen

600 g Heilbuttfilet
(ohne Haut)

1 EL Rapsöl

4 EL Sojasoße

100 ml Geflügelbrühe

Pfeffer

3 EL Sesamöl

Zucker nach Belieben

· · · · · · · · · · · · · · · · · · · · · ·

### WARUM GESUND

*Wenn Körner keimen, läuft die Vitaminproduktion auf Hochtouren: Junge Sprossen sind daher vollgepackt mit Vitalstoffen. Durch den Fisch enthält das Pfannengericht zudem reichlich Eiweiß, Jod und mehr als den Tagesbedarf an Vitamin D – das Sonnenvitamin ist bei uns sonst häufig Mangelware.*

· · · · · · · · · · · · · · · · · · · · · ·

1. Bohnen putzen, waschen, abtropfen lassen und halbieren. In einem Topf mit reichlich kochendem Salzwasser 8 Minuten garen.

2. Inzwischen Sprossenmix abspülen und abtropfen lassen. Zitrone halbieren und auspressen.

3. Bohnen abgießen, mit kaltem Wasser abschrecken, abtropfen lassen und in eine Schüssel geben.

4. Die beiden Nori-Algenblätter in einer Pfanne ohne Fett portionsweise bei kleiner Hitze jeweils 2–3 Minuten rösten, abkühlen lassen und in Stücke zupfen.

5. Fischfilet waschen, mit Küchenpapier trocken tupfen und in etwa 2 cm breite Streifen schneiden. Mit 3 EL Zitronensaft beträufeln.

6. Rapsöl in einer großen beschichteten Pfanne erhitzen. Bohnen und Sprossen darin 1–2 Minuten bei starker Hitze unter ständigem Rühren braten.

7. 2 EL Sojasoße und die Geflügelbrühe unterrühren und alles weitere 2 Minuten bei mittlerer Hitze garen. Das Gemüse samt Flüssigkeit aus der Pfanne nehmen und warm halten.

8. Fischstreifen nochmals trocken tupfen und mit Salz und Pfeffer würzen. Sesamöl in die Pfanne geben und erhitzen. Die Fischstreifen darin bei mittlerer Hitze 5–6 Minuten braten.

9. Das Gemüse mit der Flüssigkeit in die Pfanne zum Fisch geben und vorsichtig untermischen, mit restlicher Sojasoße, Salz, Pfeffer, Zucker und restlichem Zitronensaft nach Belieben abschmecken. Nori-Stückchen darübergeben.

### NOCH SMARTER

*Sprossen können Sie leicht selbst auf der Fensterbank ziehen und ganz unterschiedliche Geschmacks-richtungen zaubern – versuchen Sie Radieschen und Rettich mit ihrer feinen Schärfe oder nussig milde Alfalfasprossen.*

# SESAM-SUSHI-REIS MIT OMELETTSTREIFEN

*Pro Portion: Kalorien: 365; Fett: 10 g; gesättigte Fettsäuren: 1,9 g; Protein: 10 g;*
*Kohlenhydrate: 56 g; Zucker: 1 g; Ballaststoffe: 3 g; Vitamin C: 10 mg*

🕐 **25 MIN.**

### Zutaten für 4 Portionen

250 g Sushi-Reis

2 EL Sesam

4 Frühlingszwiebeln

3 Blätter geröstete Nori-Algen

20 g Sushi-Ingwer

1 rote Chilischote

2 Eier (M)

2 EL helle Sojasoße

1 EL Rapsöl

4 EL Reisessig

½ TL Rohrohrzucker

Salz

Pfeffer

1. Den Reis in einem Sieb abspülen und nach Packungsanleitung in einem Topf garen.

2. Inzwischen den Sesam in einer kleinen Pfanne ohne Fett goldbraun rösten und anschließend beiseitestellen.

3. Frühlingszwiebeln putzen, waschen und fein hacken. Nori-Algen mit den Fingern fein zerbröseln und auf einen kleinen Teller geben.

4. Ingwerscheiben auf Küchenpapier abtropfen lassen.

5. Chilischote putzen, längs halbieren, entkernen, waschen und in dünne Scheiben schneiden.

6. Die Eier mit 1 EL Sojasoße in eine Schüssel geben und mit einem Schneebesen gut verquirlen.

7. Öl in einer großen beschichteten Pfanne erhitzen. Eimischung hineingeben und bei mittlerer Hitze in etwa 3–4 Minuten zu einem Omelett stocken lassen.

8. Das Omelett aus der Pfanne auf ein Arbeitsbrett gleiten und etwas abkühlen lassen. Dann aufrollen und in schmale Streifen schneiden.

9. Reisessig und restliche Sojasoße mit dem Zucker in einer Schüssel verrühren. Chilischote, die Hälfte des Sesams, die abgetropften Ingwerscheiben und die Frühlingszwiebeln untermischen.

10. Reis und Omelettstreifen unterheben. Alles mit Salz und Pfeffer abschmecken. Mit Nori-Algen und restlichem Sesam bestreuen und servieren.

# STEINBEISSERGULASCH MIT ZWIEBELN UND PAPRIKA

*Pro Portion: Kalorien: 387; Fett: 21 g; gesättigte Fettsäuren: 3,5 g; Protein: 39 g;*
*Kohlenhydrate: 9 g; Zucker: 0 g; Ballaststoffe: 5,5g; Vitamin C: 89 mg*

🕐 **40 MIN.**

### Zutaten für 2 Portionen

3 Zwiebeln

1 Knoblauchzehe

1 rote Paprikaschote (ca. 200 g)

2 EL Olivenöl

1 EL Paprikapulver (edelsüß)

1 EL Paprikapulver (rosenscharf)

175 ml Gemüsebrühe

75 ml Sojacreme

1 Bio-Zitrone

350 g Steinbeißerfilet oder Zanderfilet

Pfeffer

3 Stiele Petersilie

Salz

. . . . . . . . . . . . . . . . . . . . . . . . . . . . . . . .

**WARUM GESUND**

*Neben leicht verdaulichem Eiweiß enthält der edle Seefisch Omega-3-Fettsäuren, die sich günstig auf die Blutfette auswirken. Außerdem sitzt im Fischfleisch der Mineralstoff Jod, der die Arbeit der Schilddrüse unterstützt.*

. . . . . . . . . . . . . . . . . . . . . . . . . . . . . . . .

1. Die Zwiebeln schälen und in 1 cm große Würfel schneiden. Knoblauch schälen und in feine Scheiben schneiden.

2. Paprikaschote vierteln, entkernen, waschen und in 1 cm große Würfel schneiden.

3. Öl in einem Topf oder einer Pfanne erhitzen. Zwiebeln und Knoblauch darin bei mittlerer Hitze 5 Minuten andünsten.

4. Paprikawürfel dazugeben und 4 Minuten weiterdünsten.

5. Mit Paprikapulver bestreuen und die Gemüsebrühe zugießen. Aufkochen und 5 Minuten kochen lassen.

6. Sojacreme dazugeben und 4 Minuten weiterkochen.

7. Die Zitrone heiß abspülen, abtrocknen, die Schale fein abreiben. Zitrone halbieren und 1 Hälfte auspressen.

8. Zitronenschale unter die Soße rühren.

9. Fisch waschen, trocken tupfen und in 2 cm große Stücke schneiden.

10. Die Fischstücke mit Pfeffer würzen. Fischstücke auf das Gemüse geben und zugedeckt 7–8 Minuten bei mittlerer Hitze ziehen lassen.

11. Petersilie waschen, trocken schütteln, Blätter abzupfen und hacken. Am Ende der Garzeit das Fischgulasch mit Salz, Pfeffer und Zitronensaft abschmecken und die Petersilie darüberstreuen.

### NOCH SMARTER

*Falls Sie keinen Steinbeißer bekommen oder Ihnen der Fisch mit dem festen Fleisch zu teuer ist, weichen Sie aus auf Seelachs- oder Rotbarschfilet, auch als Tiefkühlware. Den Fisch dann nicht auftauen lassen, sondern gefroren in die Soße geben.*

# GEDÜNSTETE SCHOLLENRÖLLCHEN MIT CHINAKOHL UND PAPRIKA

*Pro Portion: Kalorien: 313; Fett: 10 g; gesättigte Fettsäuren: 1,3 g; Protein: 45 g; Kohlenhydrate: 8 g; Zucker: 0 g; Ballaststoffe: 6 g; Vitamin C: 91 mg*

⏱ **35 MIN.**

## Zutaten für 2 Portionen

½ Zitrone

4 Schollenfilets (à ca. 100 g)

Salz

4 TL Sambal Oelek

4 TL gemischte Kräuter (tiefgekühlt)

1 Zwiebel

1 Stück Ingwer (ca. 20 g)

1 kleiner Chinakohl (ca. 200 g)

1 rote Paprikaschote

1 EL Rapsöl

200 ml Gemüsebrühe

Pfeffer

### WARUM GESUND

*Die raffinierte Kombination bringt eine dicke Portion Proteine plus ein ganzes Bündel wichtiger Vitamine. Während Kohl und Paprika uns mit Vitamin C versorgen, liefert der zarte Fisch mehr als den gesamten Tagesbedarf an Vitamin B12, das vor allem für Herz und Kreislauf von Bedeutung ist.*

1. Die Zitrone auspressen. Schollenfilets abspülen, mit Küchenpapier trocken tupfen, salzen und mit Zitronensaft beträufeln.

2. Schollenfilets mit je 1 TL Sambal Oelek bestreichen und mit je ½ TL Kräutern bestreuen. Filets fest aufrollen und mit Zahnstochern feststecken.

3. Zwiebel und Ingwer schälen und fein hacken.

4. Chinakohl putzen, waschen und mit einem großen Messer in feine Streifen schneiden.

5. Paprikaschote halbieren, entkernen, waschen und ebenfalls in feine Streifen schneiden.

6. Öl in einer beschichteten Pfanne erhitzen. Zwiebeln und Ingwer darin unter Rühren etwa 1 Minute andünsten.

7. Paprika zugeben und etwa 3 Minuten unter Rühren weiterdünsten. Chinakohl ebenfalls zufügen und weitere 2 Minuten garen.

8. Brühe angießen und alles bei mittlerer Hitze garen, bis die Flüssigkeit etwa zur Hälfte verdampft ist. Mit Salz und Pfeffer würzen.

9. Die Schollenröllchen auf das Gemüse legen und zugedeckt bei mittlerer Hitze 6–8 Minuten garen.

10. Schollenröllchen aus der Pfanne nehmen. Übrige Kräuter unter das Gemüse mischen, nochmals mit Salz und Pfeffer abschmecken und Gemüse mit den Schollenröllchen anrichten.

### NOCH SMARTER

*Chinakohl ist besonders für alle interessant, die ein empfindliches Magen-Darm-System haben. Denn er enthält zwar wie andere Kohlsorten reichlich Vitamin C und weitere wertvolle Stoffe, wirkt aber nicht blähend.*

# GEKOCHTER TAFELSPITZ AUF KOHLRABI-ERBSEN-GEMÜSE

*Pro Portion: Kalorien: 365; Fett: 4 g; gesättigte Fettsäuren: 1,3 g; Protein: 61 g; Kohlenhydrate: 19 g; Zucker: 1 g; Ballaststoffe: 8,5 g; Vitamin C: 114 mg*

🕐 **2 STD.**

### *Zutaten für 2 Portionen*

½ Bund Suppengrün

2 Lorbeerblätter

Salz

350 g Kalbstafelspitz

1 großer Kohlrabi (ca. 400 g)

4 Frühlingszwiebeln

125 g Erbsen (tiefgekühlt)

1 TL Frischkäse (13 % Fett)

Pfeffer

1 Prise Zucker

½ Bund Sauerampfer (ca. 100 g)

¼ Bund Rucola (ca. 20 g)

........................................

### WARUM GESUND

*Mit nur 4 Gramm Fett fällt das feine Fleisch kaum ins Gewicht – macht aber dank seines hohen Eiweißgehalts trotzdem schön satt. Das Gemüse bringt Ballast- stoffe und Vitamine: Mit einer Portion decken Sie hier zum Beispiel Ihren täglichen Bedarf an Vitamin C.*

........................................

1. Suppengrün waschen und putzen. Möhre und Sellerie schälen und in Scheiben bzw. Würfel schneiden. Lauch in dicke Ringe schneiden.

2. Das Suppengemüse mit 1 ½ l Wasser in einen großen Topf geben. Lorbeerblätter und ½ TL Salz zufügen und alles zum Kochen bringen.

3. Tafelspitz abspülen, trocken tupfen und in die kochende Flüssigkeit geben. Hitze reduzieren und das Fleisch in 1 ½ Stunden knapp unter dem Siedepunkt garziehen lassen; eventuell aufsteigenden grauen Schaum mit einer Schaumkelle abschöpfen.

4. Inzwischen den Kohlrabi schälen und erst in dünne Scheiben, dann in schmale Stifte schneiden.

5. Frühlingzwiebeln putzen, waschen und der Länge nach vierteln.

6. Den Tafelspitz nach Ende der Garzeit in der Brühe warm halten. 125 ml Brühe abmessen und durch ein Sieb in einen zweiten Topf gießen.

7. Kohlrabi in die Brühe geben und bei mittlerer Hitze 4 Minuten kochen.

8. Frühlingszwiebeln und Erbsen zufügen und weitere 4 Minuten kochen. Vom Herd nehmen, Frischkäse unterrühren und alles mit Salz, Pfeffer und Zucker würzen. Warm halten.

9. Sauerampfer und Rucola putzen, waschen und trocken schütteln. Grobe Stiele entfernen, die Blätter nach Belieben grob hacken.

10. Tafelspitz aus der Brühe heben (die Brühe anderweitig verwenden) und in Scheiben schneiden. Auf dem Kohl- rabi-Erbsen-Gemüse anrichten, mit Sauerampfer und Rucola bestreuen und sofort servieren.

## NOCH SMARTER

*Servieren Sie dazu Pell- oder Salzkartoffeln – oder garen Sie für den größeren Hunger zum Schluss einfach gewürfelte Kartoffeln mit dem Gemüse zusammen in der Brühe. Die Brühe können Sie vorweg als »Magenfüller« reichen.*

# KLARE GRÜNKOHLSUPPE MIT KICHERERBSEN UND TOMATEN

*Pro Portion: Kalorien: 289; Fett: 9 g; gesättigte Fettsäuren: 1,5 g; Protein: 16 g; Kohlenhydrate: 31 g; Zucker: 2 g; Ballaststoffe: 13 g; Vitamin C: 91 mg*

🕐 **50 MIN.**

### Zutaten für 2 Portionen

275 g frischer Grünkohl

Salz

1 Zwiebel

1 EL Olivenöl

1 EL spanisches Paprikapulver (geräuchert)

1 TL Paprikapulver (rosenscharf)

650 ml Gemüsebrühe

240 g Kichererbsen (Abtropfgewicht, Dose)

4 Eiertomaten

1 TL flüssiger Honig

1 kleine Bio-Zitrone

Pfeffer

• • • • • • • • • • • • • • • • • • • • • •

## WARUM GESUND

*Dank der cleveren Zutaten-Kombi liefert die leckere Grünkohlsuppe reichlich Ballaststoffe, Eiweiß, Vitamine, Mineralstoffe (vor allem Kalzium und Eisen), aber wenig Fett und Kalorien. Wenn das nicht rundum ausgewogen ist!*

• • • • • • • • • • • • • • • • • • • • • •

1. Grünkohl putzen, dabei die harten Stiele und Blattrippen entfernen, Kohl gründlich waschen. In einem Topf mit kochendem Salzwasser 3–4 Minuten garen. In kaltem Wasser abschrecken, damit Farbe und Biss erhalten bleiben. Anschließend gut ausdrücken und grob hacken.

2. Zwiebel schälen, vierteln und in feine Streifen schneiden.

3. Öl in einem großen Topf erhitzen, Zwiebel und Grünkohl darin 4 Minuten andünsten.

4. Paprikapulver darüberstreuen und kurz mit andünsten.

5. Die Brühe angießen und aufkochen. Suppe bei mittlerer Hitze 20 Minuten kochen lassen.

6. Kichererbsen in einem Sieb abspülen und abtropfen lassen. Zur Suppe geben und 10 Minuten weiterkochen.

7. Tomaten waschen, vierteln, Stielansatz und Kerne entfernen und Fruchtfleisch fein würfeln. Kurz vor Ende der Garzeit mit dem Honig zur Suppe geben und darin erhitzen.

8. Zitrone heiß abspülen, trocken reiben und die Schale fein abreiben. Nach Belieben ½–1 TL Zitronenschale in die Suppe geben. Mit Salz und Pfeffer abschmecken und servieren.

## NOCH SMARTER

*Wer dem Körper helfen will, das Eiweiß aus den Kichererbsen optimal zu nutzen, gönnt sich am besten als Dessert einen Joghurt oder Quark. Im Mix mit Milchprodukten ergibt sich nämlich bei Hülsenfrüchten eine besonders hohe biologische Eiweißwertigkeit.*

# ROSENKOHL-PASTA MIT PETERSILIEN-PESTO

*Pro Portion: Kalorien: 462; Fett: 24 g; gesättigte Fettsäuren: 5,4 g; Protein: 19 g; Kohlenhydrate: 40 g; Zucker: 0 g; Ballaststoffe: 10 g; Vitamin C: 74 mg*

🕐 **30 MIN.**

## Zutaten für 2 Portionen

300 g Rosenkohl
½ Bund glatte Petersilie
30 g Mandelkerne
1 Stück Parmesankäse (30 g)
100 ml Gemüsebrühe
2 EL Olivenöl
Salz
Pfeffer
100 g Bandnudeln
½ Zitrone
1 EL kleine Kapern (Glas)

### WARUM GESUND

*Da freut sich die Immunabwehr: Eine Portion bringt etwa 70 Prozent des täglichen Bedarfs an Vitamin C und gleich noch die Hälfte der pro Tag benötigten Menge an Vitamin E dazu. Und die Ballaststoff-Bilanz ist dank des Kohls auch beachtlich!*

1. Rosenkohl putzen, waschen und abtropfen lassen.

2. Petersilie waschen, trocken schütteln und die Blättchen abzupfen.

3. Mandeln grob hacken und in einer Pfanne ohne Fett rösten, bis sie duften.

4. Parmesankäse reiben.

5. Mandeln und Petersilie in ein hohes Gefäß geben. Mit einem Stabmixer zerkleinern, dabei nach und nach Brühe und 1 EL Öl zugeben, bis eine Paste entstanden ist. Parmesan unterrühren, salzen und pfeffern.

6. Restliches Öl in einer beschichteten Pfanne erhitzen. Rosenkohlköpfe vierteln und etwa 10 Minuten bei mittlerer Hitze darin dünsten bzw. leicht braten, dabei häufig umrühren.

7. Inzwischen die Nudeln in reichlich kochendem Salzwasser nach Packungsanleitung garen. Die Zitrone auspressen und den Rosenkohl mit Zitronensaft abschmecken. Kapern untermischen, mit Salz und Pfeffer würzen.

8. Nudeln in einem Sieb abgießen, dabei 1–2 EL Nudelwasser auffangen und unter das Petersilien-Pesto rühren. Nudeln mit Pesto und Rosenkohl mischen und servieren.

### NOCH SMARTER

*Wenn gerade kein frischer Rosenkohl zu haben ist, greifen Sie ruhig zu gefrorenem. Das spart sogar Arbeit beim Putzen, denn die Röschen müssen lediglich auftauen, bevor Sie sie vierteln und wie beschrieben in der Pfanne zubereiten.*

# CHILI-ROTBARSCH MIT BROKKOLI UND ZITRONENGRAS

*Pro Portion: Kalorien: 292; Fett: 14 g; gesättigte Fettsäuren: 2,1 g; Protein: 36 g; Kohlenhydrate: 3 g; Zucker: 0 g; Ballaststoffe: 3 g; Vitamin C: 78 mg*

🕐 1 STD. 35 MIN.

### Zutaten für 4 Portionen

600 g Rotbarschfilet (mit Haut)
2 rote Chilischoten
2 EL Thai-Fischsoße
3 Stangen Zitronengras
1 Stange Lauch (ca. 250 g)
1 Stück Ingwer (ca. 15 g)
400 g Brokkoli
3 EL Rapsöl
3 EL Austernsoße
150 ml Geflügelbrühe

• • • • • • • • • • • • • • • • • • • • • •

### WARUM GESUND

*Fisch und Gemüse konkurrieren hier, was ihre inneren Werte angeht. Rotbarsch und Brokkoli ergeben ein ausgesprochen nährstoffreiches Duo. Der köstliche Seefisch trägt allein 60 Prozent des täglichen Jodbedarfs bei und unterstützt damit die Schilddrüse bei ihrer Arbeit.*

• • • • • • • • • • • • • • • • • • • • • •

1. Fischfilet waschen, mit Küchenpapier trocken tupfen und in 2 cm breite Streifen schneiden.

2. Chilischoten waschen, putzen und in Ringe schneiden.

3. Fisch und Chili mit der Fischsoße mischen und 1 Stunde abgedeckt ziehen lassen.

4. Zitronengras putzen, waschen, trocken tupfen und in etwa 5 cm lange Stücke schneiden.

5. Lauch putzen, waschen und in Ringe schneiden. Ingwer schälen und fein reiben.

6. Brokkoli waschen und in kleine Röschen teilen, den Stiel schälen und in Stücke schneiden.

7. 1 EL Rapsöl in einem beschichteten Wok erhitzen. Brokkoli, Lauch und Zitronengras darin bei mittlerer Hitze 4–5 Minuten unter Rühren braten.

8. Ingwer zugeben und kurz mitbraten. Austernsoße und Geflügelbrühe angießen und alles 2–3 Minuten kochen lassen. Gemüse aus dem Wok nehmen und warm halten.

9. Wok mit Küchenpapier säubern. Restliches Rapsöl hineingeben und erhitzen. Die Fischstücke trocken tupfen und darin bei mittlerer Hitze 3–4 Minuten braten.

10. Gemüse auf vorgewärmte Teller verteilen und die gebratenen Fischstücke darauf anrichten.

## NOCH SMARTER

*Viel Eiweiß und wenig Kohlenhydrate machen dieses Gericht zu einem besonders leichten und bekömmlichen Abendessen. Für den größeren Hunger mittags servieren Sie einfach etwas Reis dazu (Kochmenge: 40–50 g pro Person).*

# GRÜNKOHL-AVOCADO-SALAT MIT GRANATAPFEL-KUMQUAT-DRESSING

*Pro Portion: Kalorien: 337; Fett: 14 g; gesättigte Fettsäuren: 3 g; Protein: 9 g; Kohlenhydrate: 42 g; Zucker: 5 g; Ballaststoffe: 12 g; Vitamin C: 165 mg*

🕐 48 MIN.

### Zutaten für 4 Portionen

6 Kumquats

1 Granatapfel

1 EL Zucker

150 ml Orangensaft

3 EL getrocknete Goji-Beeren

50 ml Apfelsaft

500 g Grünkohl

Salz

2 reife Avocados

2 EL Zitronensaft

1. Die Kumquats waschen, trocken tupfen, zuerst in Scheiben schneiden und dann fein hacken. Den Granatapfel halbieren, die Schale nach innen drücken, die Kerne auslösen und den dabei austretenden Saft auffangen. Die weißen Häutchen von den Kernen entfernen.

2. Den Zucker in einem Topf karamellisieren lassen, die Früchte zugeben und mit dem Orangen- und Granatapfelsaft ablöschen.

3. Soße bei mittlerer Hitze ca. 10 Minuten sirupartig einköcheln lassen. Vom Herd ziehen und lauwarm abkühlen lassen.

4. Die Goji-Beeren in lauwarmem Apfelsaft einweichen.

5. Den Grünkohl waschen, putzen und in kochendem Salzwasser 5–8 Minuten blanchieren. Abgießen, mit kaltem Wasser abschrecken, die harten Blattrippen herausschneiden und die Blätter klein schneiden.

6. Die Avocados halbieren, den Kern jeweils herauslösen. Fruchtfleisch vorsichtig aus der Schale drücken, in mundgerechte Würfel schneiden und mit dem Zitronensaft mischen.

7. Den Grünkohl mit den Avocadowürfeln und den gut abgetropften Goji-Beeren mischen, auf Tellern verteilen und mit der Kumquatsoße beträufelt servieren.

# KOHLSUPPE MIT FLEISCHBÄLLCHEN

*Pro Portion: Kalorien: 209; Fett: 3,9 g; gesättigte Fettsäuren: 4,5 g; Protein: 12,4 g;*
*Kohlenhydrate: 20,9 g; Zucker: 0 g; Ballaststoffe: 5,4 g; Vitamin C: 140 mg*

🕐 **30 MIN.**

*Zutaten für 4 Portionen*

400 g Grünkohlblätter
ohne harte Stiele

2 EL Butter

3 Knoblauchzehen

2 Bio-Zitronen

600 ml Gemüsebrühe

40 g Graupen

1 TL frisch geriebener Ingwer

Muskat

Salz

Pfeffer aus der Mühle

100 g Hackfleisch

2 EL Semmelbrösel

1 kleines Ei

1. Grünkohlblätter waschen, grob zerschneiden. Butter in einem Topf schmelzen und Grünkohl darin andünsten. Knoblauch schälen, fein hacken, zufügen und kurz mitdünsten.

2. Zitronen waschen, abtrocknen und 2 EL Schale fein abreiben. Die Zitronen dann mit einem Messer dick abschälen, sodass dabei alle weißen Häute entfernt werden. Die Fruchtfilets entlang der Innenhäute herausschneiden und beiseitelegen.

3. Gemüsebrühe zum Grünkohl gießen. Graupen, Zitronenschale, Ingwer, 1 Prise Muskat und Salz dazugeben. Alles zugedeckt bei milder Hitze weich kochen.

4. Das Hackfleisch gut mit Semmelbröseln und Ei vermischen, mit Salz und Pfeffer würzen. Aus der Masse Klößchen formen und in der Suppe ca. 5 Minuten gar ziehen lassen.

5. Suppe nochmals mit Salz, Pfeffer und eventuell Muskat abschmecken. Mit den Zitronenfilets anrichten.

# SÜSSSAURES PUTENFLEISCH MIT GEMÜSE AUS DEM WOK

*Pro Portion: Kalorien: 415; Fett: 7 g; gesättigte Fettsäuren: 1,1 g; Protein: 43 g;
Kohlenhydrate: 40 g; Zucker: 14 g; Ballaststoffe: 8,5 g; Vitamin C: 116 mg*

🕐 **40 MIN.**

### Zutaten für 2 Portionen

325 g Putenbrustfilet

1 rote Paprikaschote

2 kleine Möhren (ca. 125 g)

1 rote Zwiebel

1 Stück Ingwer (ca. 25 g)

175 g frische Ananas

1 EL Rapsöl

Salz

150 ml Orangensaft

1 EL Rotweinessig

75 ml Ketchup

1 EL Honig

Pfeffer

1. Putenfleisch abspülen, trocken tupfen und in ca. 2 cm große Würfel schneiden.

2. Paprika vierteln, entkernen, waschen und würfeln. Möhren schälen und in feine Streifen schneiden.

3. Zwiebel schälen und achteln. Ingwer schälen und in feine Streifen schneiden.

4. Schale und Strunk der Ananas entfernen, Fruchtfleisch in Stücke schneiden.

5. Das Öl in einem Wok oder in einer großen Pfanne erhitzen. Fleisch hineingeben, salzen und bei großer Hitze rundherum anbraten.

6. Fleisch herausnehmen. Zwiebel, Möhren und Paprika in den Wok geben und unter Rühren 3–4 Minuten anbraten. Ingwer dazugeben und kurz andünsten.

7. Orangensaft, Essig, Ketchup und Honig in den Wok geben und ca. 1 Minute kochen lassen.

8. Fleisch und Ananas dazugeben und alles bei mittlerer Hitze 5 Minuten kochen, mit Salz und Pfeffer würzen. Dazu passt Naturreis.

# GEFÜLLTE RIESEN-CHAMPIGNONS MIT ZIEGENKÄSE UND SALAT

*Pro Portion: Kalorien: 507; Fett: 27 g; gesättigte Fettsäuren: 11,4 g; Protein: 17 g;*
*Kohlenhydrate: 45 g; Zucker: 2 g; Ballaststoffe: 16,5 g; Vitamin C: 348 mg*

⏱ 1 STD.

### Zutaten für 2 Portionen

2 Zweige Thymian

100 g junger Ziegenkäse
(von der Rolle)

50 g Semmelbrösel

2 EL Olivenöl

1 TL flüssiger Honig

Salz

Pfeffer

4 Riesenchampignons

1 große Fenchelknolle
(ca. 350 g)

1 gelbe Paprikaschote
(ca. 200 g)

1 rote Zwiebel

1 Zitrone

2 kleine Orangen (à ca. 125 g)

### WARUM GESUND

*Allein 60 Prozent des täglichen Folsäuresolls servieren Sie mit dieser vitamin- und mineralstoffreichen Mittags- oder Abendmahlzeit. Ernährungsexperten bemängeln die schlechte Versorgung mit Folsäure hierzulande – also greifen Sie zu. Es lohnt sich: Die Pilzköpfe samt knackiger Salatbeilage laufen schier über vor wertvollen Inhaltsstoffen.*

1. Backofen auf 225 °C Ober-/Unterhitze (Umluft: 200 °C, Gas: Stufe 3–4) vorheizen.

2. Thymian waschen, trocken schütteln, Blätter abzupfen und hacken. Ziegenkäse fein zerbröseln.

3. Beides mit den Semmelbröseln, ½ EL Olivenöl und Honig mischen, mit Salz und Pfeffer würzen.

4. Die Stiele der Champignons herausdrehen, Champignons mit einem Pinsel, einer Bürste oder Papiertuch von eventuell anhaftendem Schmutz befreien.

5. Käsefüllung in die Champignons geben und fest andrücken. Pilze auf ein Backblech legen und zur Seite stellen.

6. Fenchel putzen, waschen und den Strunk keilförmig herausschneiden. Fenchel in sehr feine Scheiben hobeln.

7. Den Stielansatz der Paprikaschote rund herausschneiden und die Kerne entfernen. Paprika waschen, dann in dünne Ringe schneiden.

8. Rote Zwiebel schälen und in feine Ringe hobeln.

9. Zitrone halbieren und auspressen. Orangen so dick abschälen, dass alles Weiße entfernt wird. Das Fruchtfleisch mit einem scharfen Messer zwischen den Trennhäuten herausschneiden, Saft dabei auffangen.

10. Gemüse mit Orangenfilets und -saft sowie restlichem Öl mischen. Salat nach Belieben mit Zitronensaft, Salz und Pfeffer würzen und 30 Minuten ziehen lassen.

11. Währenddessen Champignons im Ofen ca. 25 Minuten auf der 2. Schiene von unten backen. Dann zusammen mit dem Salat servieren.

## NOCH SMARTER

*Verwenden Sie möglichst Vollkorn-Semmelbrösel (erhältlich im Bioladen, Reformhaus oder in gut sortierten Supermärkten). Damit treiben Sie den ohnehin hohen Ballaststoffgehalt im Sinne einer gesunden Darmfunktion noch weiter nach oben.*

# GEFÜLLTE PAPRIKASCHOTEN MIT KRÄUTERREIS

*Pro Portion: Kalorien: 475; Fett: 4 g; gesättigte Fettsäuren: 1,5 g; Protein: 40 g; Kohlenhydrate: 66 g; Zucker: 0 g; Ballaststoffe: 10 g; Vitamin C: 171 mg*

🕐 40 MIN.

## Zutaten für 2 Portionen

1 Scheibe Vollkorn-Weizentoast

400 g stückige Tomaten (Tetrapak oder Dose)

1 Päckchen gemischte Kräuter (tiefgekühlt)

Paprikapulver (edelsüß)

Salz

Pfeffer

2 gelbe Paprikaschoten

1 Zwiebel

200 g Beefsteakhack (Tatar)

1 EL Magerquark

2 TL Kapern (abgetropft; Glas)

Chilipulver

1 Kochbeutel Langkornreis

---

**WARUM GESUND**

*Nicht mal 5 Gramm Fett und dabei extrem sättigend – das hat schon echte Diät-Qualitäten! Auch sonst kann sich die Nährstoffbilanz sehen lassen: Reichlich Ballaststoffe und Vitamine sorgen für Rundum-sorglos-Genuss.*

---

1. Backofen auf 200 °C Ober-/Unterhitze (Umluft: 180 °C, Gas: Stufe 3) vorheizen.

2. Toastbrot in einer kleinen Schüssel in warmem Wasser einweichen.

3. Stückige Tomaten in eine flache Auflaufform geben. Mit der Hälfte der TK-Kräuter, Paprikapulver, Salz und Pfeffer würzen.

4. Die Paprikaschoten halbieren, entkernen, waschen und mit der Innenseite nach oben auf die Tomaten in die Form legen.

5. Zwiebel schälen, halbieren und fein hacken.

6. Zwiebel und Hackfleisch in eine große Schüssel geben. Toastbrot aus dem Wasser nehmen und gut ausdrücken. Brot mit den Fingern fein zerteilen, zum Hack geben. Quark und Kapern ebenfalls zufügen.

7. Hackfleisch mit Chilipulver, Salz und Pfeffer herzhaft würzen und alles zu einer lockeren Masse verkneten.

8. Die Hackfüllung in die Paprikahälften geben und alles im vorgeheizten Backofen ca. 30 Minuten schmoren.

9. Inzwischen den Reis nach Packungsanleitung in einem Topf mit Salzwasser garen. Anschließend mit einem Kochlöffelstiel aus dem Wasser heben, mit kaltem Wasser abschrecken und gut abtropfen lassen.

10. Beutel öffnen und den Reis in eine Schüssel geben. Restliche Kräuter zufügen und gut untermischen. Mit den gefüllten Paprikaschoten und der Tomatensoße anrichten und servieren.

### NOCH SMARTER

*Gefüllte Paprikaschoten eignen sich prima fürs Picknick: Einfach fertigschmoren, abkühlen lassen und mit der Soße in eine Gefrierdose geben. Statt Reis passt dann am besten Baguette- oder Fladenbrot.*

# GEGRILLTER LACHS MIT FENCHEL UND JOHANNISBEEREN

*Pro Portion: Kalorien: 237; Fett: 8 g; gesättigte Fettsäuren: 1,7 g; Protein: 29 g; Kohlenhydrate: 11 g; Zucker: 0 g; Ballaststoffe: 12 g; Vitamin C: 125 mg*

🕐 30 MIN.

### Zutaten für 2 Portionen

2 Fenchelknollen (ca. 500 g)

100 ml Gemüsebrühe

2 Lachsfilets mit Haut (à ca. 100 g)

2 TL Olivenöl

1 Handvoll rote Johannisbeeren (ca. 15 g)

1 Bund Frühlingszwiebeln (ca. 125 g)

Salz

bunter Pfeffer

1. Fenchelknollen waschen, das Grün abschneiden und beiseitelegen. Fenchelknollen putzen, halbieren und in dünne Scheiben schneiden.

2. Gemüsebrühe und Fenchelscheiben in einen Topf geben, aufkochen und zugedeckt bei kleiner Hitze etwa 8 Minuten garen.

3. Inzwischen Lachsfilet waschen und trocken tupfen. Eine Grillpfanne mit Olivenöl auspinseln und erhitzen. Lachsfilet mit der Haut nach oben in die Grillpfanne legen und bei mittlerer Hitze 5 Minuten grillen.

4. Inzwischen Johannisbeeren waschen und trocken tupfen. 1 EL Beeren beiseitelegen.

5. Frühlingszwiebeln waschen, putzen und in etwa 5 mm breite Ringe schneiden.

6. Lachsfilets wenden und weitere 3 Minuten grillen. Salzen.

7. Johannisbeeren und Frühlingszwiebeln zu den Fenchelscheiben geben und etwa 2 Minuten zugedeckt mitgaren.

8. Fenchelgemüse mit Salz und buntem Pfeffer abschmecken, Fenchelgrün nach Belieben grob hacken. Das Gemüse mit dem gegrillten Lachs und den restlichen Johannisbeeren anrichten und mit dem Fenchelgrün garnieren.

### WARUM GESUND

*Hier wird die geballte Ladung dreier starker Antioxidantien getankt: Die Vitamine A, E und C sind in einer Portion zu 200 bzw. 100 Prozent des Tagesbedarfs vorhanden. Sie sollen in unseren Körperzellen den von freien Radikalen ausgelösten Alterungsprozessen entgegenwirken können. Außerdem fördern Omega-3-Fettsäuren aus dem Lachs die Jungerhaltung der Haut.*

# SNACKS

# ZUCKERSCHOTENSALAT MIT PAPAYASTREIFEN

*Pro Portion: Kalorien: 143; Fett: 6 g; gesättigte Fettsäuren: 1,2 g; Protein: 6 g; Kohlenhydrate: 15 g; Zucker: 0 g; Ballaststoffe: 7 g; Vitamin C: 157 mg*

🕑 **30 MIN.**

*Zutaten für 2 Portionen*

½ Radicchio (ca. 80 g)

½ Lollo bionda (ca. 100 g)

300 g Zuckerschoten

Salz

1 reife Papaya (ca. 400 g)

8 essbare Blüten

1 rote Chilischote

1 Limette

flüssiger Süßstoff nach Belieben

2 TL Keimöl (ca. 6 g)

1 EL geröstete gesalzene Cashewkerne (ca. 15 g)

### WARUM GESUND

*Vitamin A (hier als Betacarotin zu 40 Prozent des Tagesbedarfs enthalten) ist wichtig für den Sehvorgang, für Haut und Schleimhäute und für die Knochenbildung. Zusammen mit Vitamin C (150 Prozent des Tagesbedarfs) und Zink (40 Prozent des Tagesbedarfs) ist es Bestandteil des sogenannten Zellschutzkomplexes. Zink fördert außerdem das Wachstum von Haut, Haaren und Nägeln.*

1. Radicchio und Lollo bionda in einzelne Blätter teilen, waschen und trocken schleudern. Die Blätter putzen und in mundgerechte Stücke zupfen.

2. Zuckerschoten waschen, putzen, in einen Topf mit kochendem Salzwasser geben und 2–3 Minuten garen (blanchieren).

3. Die Zuckerschoten abgießen, mit eiskaltem Wasser abschrecken, in einem Sieb abtropfen lassen und quer halbieren oder dritteln.

4. Papaya der Länge nach halbieren, mit einem Teelöffel entkernen, schälen und das Fruchtfleisch in etwa 5 mm dicke Scheiben schneiden.

5. Die Blüten gut ausschütteln, um eventuelle Insekten zu entfernen, und die Blütenblätter abzupfen. Mit Radicchio, Lollo bionda, Zuckerschoten und Papayastreifen in einer Salatschüssel mischen.

6. Chilischote waschen, halbieren, entkernen und sehr fein hacken.

7. Limette auspressen, 2 EL Saft abmessen und in einer kleinen Schüssel mit den Chilistücken verrühren. Mit Salz und nach Belieben mit Süßstoff abschmecken, das Öl unterrühren.

8. Dressing unter den Salat mischen. Die Cashewkerne mit einem großen Messer hacken, über den Salat streuen und servieren.

### NOCH SMARTER

*Essbare Blüten können Sie beim Gemüsehändler vorbestellen, falls Sie keine Einkaufsquelle kennen. Im Sommer eignen sich auch die wunderschönen gelben, orangefarbenen und roten Blüten der Kapuzinerkresse, die auf vielen Balkons oder im Garten üppig gedeihen.*

# HACKFLEISCH-LINSEN-BÄLLCHEN MIT PAPRIKAGEMÜSE

*Pro Portion: Kalorien: 297; Fett: 10 g; gesättigte Fettsäuren: 3,2 g; Protein: 22 g;*
*Kohlenhydrate: 28 g; Zucker: 0 g; Ballaststoffe: 12,5 g; Vitamin C: 166 mg*

🕐 **1 STD. 5 MIN.**

## Zutaten für 4 Portionen

1 Zwiebel
1 Knoblauchzehe
270 ml Gemüsebrühe
150 g rote Linsen
2 kleine rote Paprikaschoten
(à 150 g)
2 kleine gelbe
Paprikaschoten (à 150 g)
2 kleine grüne
Paprikaschoten (à 150 g)
1 Zucchini (ca. 250 g)
150 g gemischtes Hackfleisch
1 Ei
Salz
Pfeffer
1 Msp. gemahlener Kreuzkümmel
Paprikapulver (rosenscharf)
2 EL Ajvar
½ Bund Schnittlauch
1 EL Tomatenmark

### NOCH SMARTER

*Sie können die Hackmasse mit Currypulver würzen, falls Ihnen Kreuzkümmel nicht zusagt, und statt Ajvar einfach Ketchup nehmen, wenn Sie wegen 2 Esslöffeln nicht extra ein ganzes Glas kaufen möchten.*

1. Zwiebel schälen, halbieren und in kleine Würfel schneiden. Knoblauch schälen und hacken.

2. 200 ml Gemüsebrühe in einem Topf aufkochen. Linsen, Zwiebel und Knoblauch dazugeben, aufkochen und zugedeckt bei kleiner Hitze 8–10 Minuten garen. Dann ohne Deckel noch so lange weitergaren, bis die Brühe verdampft ist. Linsen abkühlen lassen.

3. Inzwischen Paprikaschoten halbieren, entkernen, waschen und in lange Streifen schneiden. Zucchini waschen, putzen und in etwa 5 cm lange Streifen schneiden.

4. Hackfleisch, Ei und abgekühlte Linsen in einer Schüssel mit den Knethaken eines Handmixers zu einem Fleischteig kneten. Mit Salz, Pfeffer, Kreuzkümmel und Paprikapulver würzen.

5. Mit angefeuchteten Händen 12 gleich große Bällchen aus der Masse formen. In einem weiten Topf reichlich Salzwasser aufkochen und die Bällchen im leicht siedenden Wasser bei sehr geringer Hitze etwa 10 Minuten garen.

6. Restliche Gemüsebrühe in einer großen, tiefen Pfanne aufkochen. Paprikastreifen dazugeben und zugedeckt etwa 8 Minuten dünsten.

7. Zucchinistreifen und Ajvar dazugeben und zugedeckt noch weitere 5 Minuten dünsten.

8. Inzwischen den Schnittlauch abspülen, trocken schütteln und in feine Röllchen schneiden.

9. Das Tomatenmark unter das Paprikagemüse rühren. Mit Salz, Pfeffer und Paprikapulver abschmecken. Schnittlauchröllchen unterheben und auf eine Platte geben.

10. Die Hackfleisch-Linsen-Bällchen mit einer Schaumkelle aus dem Topf heben und etwas abtropfen lassen. Auf dem Paprikagemüse anrichten und servieren.

## WARUM GESUND

*Eine Portion liefert das Anderthalbfache der von Ernährungswissenschaftlern empfohlenen Tagesmenge an Vitamin C. Damit pushen wir unser Immunsystem, weil die Aktivität der Abwehrzellen gesteigert wird. Auch Binde- und Knochengewebe profitieren von dem wasserlöslichen Vitamin.*

# MARINIERTES INGWER-ZUCCHINI-GEMÜSE MIT DATTELN UND KORIANDER

*Pro Portion: Kalorien: 173; Fett: 8 g; gesättigte Fettsäuren: 0,8 g; Protein: 4 g; Kohlenhydrate: 19 g; Zucker: 0 g; Ballaststoffe: 5 g; Vitamin C: 36 mg*

🕐 1 STD. 10 MIN.

*Zutaten für 4 Portionen*

1 kg Zucchini
2 Bund Frühlingszwiebeln (ca. 200 g)
1 Stück Ingwer (ca. 30 g)
50 g Datteln (entsteint)
3 EL Rapsöl
Salz
Pfeffer
1 Zitrone
6 Stiele Koriander

1. Zucchini waschen, putzen und in etwa 5 mm dicke Scheiben schneiden.

2. Frühlingszwiebeln waschen, putzen und schräg in 2 cm lange Stücke schneiden. Ingwer schälen und fein reiben.

3. Datteln halbieren und längs in feine Streifen schneiden. Mit dem Ingwer mischen.

4. Zucchini in 2 Portionen in einer beschichteten Pfanne in jeweils 1 EL Rapsöl etwa 5 Minuten bei mittlerer Hitze braten. Mit Salz und Pfeffer würzen und unter das Ingwer-Dattel-Gemisch heben.

5. Restliches Rapsöl in der Pfanne erhitzen. Frühlingszwiebeln darin etwa 5 Minuten bei mittlerer Hitze braten, mit Salz und Pfeffer würzen und zum Zucchini-Gemüse geben.

6. Zitrone halbieren und auspressen. 3 EL Zitronensaft zum Gemüse geben und zugedeckt etwa 30 Minuten marinieren.

7. Koriander waschen, trocken schütteln und die Blätter abzupfen. Koriander zum Gemüse geben.

8. Gemüse mit Salz, Pfeffer und restlichem Zitronensaft abschmecken. Zum Transportieren in eine gut schließende Frischhaltedose (ca. 1 ½ l Inhalt) geben.

### NOCH SMARTER

*Servieren Sie dazu Vollkorn-Baguette, mit dem Sie hervorragend die köstliche Marinade aufstippen können.*

## WARUM GESUND

*Das Gericht ist ausgesprochen figurfreundlich mit seinem geringen Kalorien- und dem moderaten Fett-gehalt. Ingwer gilt als Heilpflanze, die sich vor allem bei Magen-Darm-Beschwerden (speziell Übelkeit) und Erkältungen bewährt hat.*

# LACHS IM RETTICHNEST MIT GERÖSTETEN ALGENSTREIFEN

*Pro Portion: Kalorien: 140; Fett: 7 g; gesättigte Fettsäuren: 1,6 g; Protein: 15 g;*
*Kohlenhydrate: 2 g; Zucker: 0 g; Ballaststoffe: 1,5 g; Vitamin C: 11 mg*

⏱ **1 STD.**

### Zutaten für 8 Portionen

1 Bio-Clementine
½ Grapefruit
½ Zitrone
3 EL Sojasoße
1 EL Genmai Su (Reisessig)
600 g Lachsfilet (aus der Mitte, ohne Haut)
1 EL schwarzer Sesam
½ weißer Rettich (ca. 350 g)
Salz
1 TL Sesamöl
1 Blatt Nori-Alge
1 EL Öl

........................

**WARUM GESUND**

*Lachs liefert die wertvollen Omega-3-Fettsäuren – sie stabilisieren den Herzrhythmus und verbessern die Fließeigenschaft des Blutes. Im Rettich stecken reichlich Senföle, die zellschützend wirken, die Verdauung anregen und die Abwehrkräfte stärken.*

........................

1. Die Clementine heiß abwaschen, trocken reiben und die Schale mit einem Sparschäler ganz dünn abschälen. Eventuell an der Schale haftende weiße Teile sorgfältig entfernen.

2. Clementinenschale in feine Streifen schneiden und 30 Sekunden in kochendes Wasser tauchen. Mit der Schaumkelle herausheben und unter kaltem Wasser kurz abschrecken.

3. Grapefruit und Zitrone auspressen. Je 1 EL vom Saft mit der Hälfte der Clementinenschale mischen. Sojasoße und Genmai Su unterrühren.

4. Lachs abspülen, trocken tupfen und in Würfel von 1 ½ cm Länge schneiden. In der Zitrus-Essig-Mischung wenden, zugedeckt kalt stellen und 40 Minuten marinieren.

5. Inzwischen schwarzen Sesam in einer Pfanne ohne Fett leicht rösten. Abkühlen lassen.

6. Rettich schälen und mit einem Sparschäler in dünne Scheiben hobeln. Anschließend mit einem scharfen Messer in sehr dünne Streifen schneiden.

7. Rettich leicht salzen und 10 Minuten ziehen lassen. Dann in einem Küchentuch gut ausdrücken. In einer Schüssel mit der restlichen Clementinenschale, Sesam und Sesamöl mischen.

8. Nori-Algen in haarfeine Streifen schneiden. In einer Pfanne ohne Fett leicht rösten, herausnehmen und abkühlen lassen.

9. Lachs gut abtropfen lassen und mit etwas Küchenpapier trocken tupfen.

10. Eine schwere Pfanne mit dem Öl erhitzen. Lachs darin bei sehr starker Hitze rundum kurz scharf anbraten. Rettich zu kleinen »Nestern« formen und auf Teller geben. Lachs daraufgeben, mit den gerösteten Algen garnieren und servieren.

### NOCH SMARTER

*Lust auf Lachs als Hauptgericht? Dann machen Sie aus dem Fingerfood ein komplettes Essen: Die Menge genügt in diesem Fall für etwa drei große Portionen oder für vier kleinere.*

# PIKANTE KOHLRABI-ROHKOST MIT JOGHURT-LIMETTEN-SOSSE

*Pro Portion: Kalorien: 106; Fett: 3 g; gesättigte Fettsäuren: 0,5 g; Protein: 4 g; Kohlenhydrate: 14 g; Zucker: 1 g; Ballaststoffe: 3 g; Vitamin C: 66 mg*

🕐 1 STD. 15 MIN.

### Zutaten für 4 Portionen

1 rote Chilischote
4 Stiele Koriander
1 EL Olivenöl
200 g Joghurt (0,3 % Fett)
½ Limette
Salz
Pfeffer
1 Prise Zucker
1 Spritzer Tabasco
1 großer Kohlrabi (ca. 500 g)
1 Birne (ca. 150 g)
3 Frühlingszwiebeln

1. Chilischote längs halbieren, entkernen und waschen. Die Schote sehr fein hacken.

2. Koriander waschen, trocken schütteln, Blätter abzupfen und fein hacken. Mit Chili und Olivenöl unter den Joghurt rühren.

3. Die halbe Limette auspressen. Joghurt mit 1 EL Limettensaft, Salz, Pfeffer, Zucker und Tabasco abschmecken. Für mindestens 1 Stunde zugedeckt kalt stellen.

4. Inzwischen Kohlrabi schälen. Erst in dünne Scheiben hobeln oder schneiden, dann in feine Stifte schneiden.

5. Birne waschen, vierteln, entkernen und in dünne Spalten schneiden.

6. Frühlingszwiebeln putzen, waschen und schräg in Ringe schneiden.

7. Kohlrabi, Birne und Frühlingszwiebeln in einer Schüssel mit dem restlichen Limettensaft mischen, salzen und pfeffern. Joghurtsoße unterheben und sofort servieren.

### WARUM GESUND

*Kohlrabi punktet mit Vitamin C: 100 Gramm enthalten satte 75 Prozent des durchschnittlichen Tagesbedarfs. Und weil das Gemüse roh auf den Teller kommt, geht nichts vom Powerstoff für das Immunsystem verloren.*

### NOCH SMARTER

*Doppelte Freude fürs Immunsystem: Auch die Limette liefert Vitamin C, und zusätzlich sind Senföle aus den Zwiebeln und der Scharfmacher Capsaicin im Chili bestes Futter für eine gute Abwehr.*

# SCHARFER SALAT AUS GRÜNER PAPAYA

*Pro Portion: Kalorien: 60; Fett: 0,5 g; gesättigte Fettsäuren: 0 g; Protein: 1,7 g; Kohlenhydrate: 12 g; Zucker: 5 g; Ballaststoffe: 4 g; Vitamin C: 163 mg*

🕐 25 MIN.

### Zutaten für 4 Portionen

1 grüne Papaya (ca. 800 g)
2 Kaffirlimettenblätter
2 Chilischoten
2 Knoblauchzehen
1 Bio-Limette
2 EL helle Fischsoße
1 EL brauner Zucker

1. Die Papaya schälen, waschen, halbieren und die Kerne entfernen. Das Fruchtfleisch in dünne Streifen hobeln.

2. Die Kaffirlimettenblätter waschen und längs in sehr feine Streifen schneiden.

3. Die Chilischoten waschen, halbieren, entkernen und ebenfalls längs in sehr feine Streifen schneiden.

4. Den Knoblauch schälen und in sehr dünne Scheiben schneiden.

5. Limette gut waschen und trocken tupfen. Mit einem Zestenreißer Zesten von der Schale abziehen. Die Frucht anschließend halbieren und auspressen.

6. Die Fischsoße mit dem Limettensaft, den Zesten, Zucker und Knoblauch verrühren.

7. Die Papayastreifen unter die Soße heben und auf Teller verteilen. Mit Chili und Limettenblättern bestreut servieren.

# OBSTSALAT MIT HONIG-JOGHURT

*Pro Portion: Kalorien: 254; Fett: 1,6 g; gesättigte Fettsäuren: 0,2 g; Protein: 5 g; Kohlenhydrate: 53 g; Zucker: 4 g; Ballaststoffe: 5,5 g; Vitamin C: 126 mg*

🕐 **20 MIN.**

### Zutaten für 4 Portionen

3 Kiwis

200 g helle kernlose Weintrauben

3 Orangen

3 Bananen

200 g Joghurt (1,5 % Fett)

1 EL flüssiger Honig (oder Flüssigsüßstoff)

4 Stiele Zitronenmelisse

1. Die Kiwis schälen und klein schneiden. Die Weintrauben waschen und halbieren.

2. Die Orangen waschen, trocken reiben und mit einem scharfen Messer gründlich schälen. Dabei die weiße Haut mit entfernen.

3. Die Fruchtfilets zwischen den Trennwänden herausschneiden und den dabei austretenden Orangensaft auffangen. Den Saft aus den Orangenresten dazupressen.

4. Die Bananen schälen und in Scheiben schneiden. Mit Kiwis und Orangenfilets in einer Schüssel mischen.

5. Den Joghurt mit dem Honig und 4 EL Orangensaft verrühren. Unter die Früchte heben und alles in Schälchen geben.

6. Zitronenmelisse waschen, trocken schütteln und Blätter abzupfen. Den Obstsalat damit garnieren und servieren.

# MARINIERTE PAPRIKASCHOTEN MIT GERÄUCHERTER PUTENBRUST

*Pro Portion: Kalorien: 284; Fett: 19 g; gesättigte Fettsäuren: 4,6 g; Protein: 18 g; Kohlenhydrate: 8 g; Zucker: 1 g; Ballaststoffe: 7 g; Vitamin C: 143 mg*

🕐 **30 MIN.**

## *Zutaten für 2 Portionen*

2 Paprikaschoten (1 rote, 1 gelbe; à 200 g)

1 Knoblauchzehe

½ Bio-Zitrone

Salz

Pfeffer

2 EL Balsamessig

3 EL Olivenöl

½ Bund Estragon

1 Stück Parmesankäse (20 g)

80 g geräucherte Putenbrust (in Scheiben)

### NOCH SMARTER

*Idealer Begleiter zum Satt-essen: Ciabatta. Vegetarier lassen den Putenbrustauf-schnitt weg und erhöhen stattdessen die Paprika-menge ein wenig.*

1. Paprikaschoten halbieren, entkernen und waschen. Mit der Wölbung nach oben auf ein Backblech legen und unter dem Backofengrill grillen, bis die Haut Blasen wirft.

2. Inzwischen Knoblauch schälen und fein hacken. Zitronenhälfte heiß abspülen, etwa die Hälfte der Schale fein abreiben und die Zitrone auspressen.

3. Paprikaschoten aus dem Ofen holen. Ein Küchentuch anfeuchten. Die Paprikaschoten damit bedecken und abkühlen lassen. Dann die Haut abziehen, die Schoten in breite Streifen schneiden und auf eine Platte legen.

4. Zitronensaft, abgeriebene Zitronenschale, Knoblauch, Salz, Pfeffer, Essig und Olivenöl verrühren. Paprika-streifen damit beträufeln und etwa 15 Minuten ziehen lassen.

5. Estragon waschen, trocken schütteln, Blätter abzupfen und hacken.

6. Parmesan reiben. Estragon und Parmesan über die Paprikastreifen streuen. Putenbrust zu Röllchen formen und mit den Paprikaschoten anrichten.

## WARUM GESUND

*Paprikaschoten enthalten gleich mehrere Antioxidantien in hoher Konzentration: Vitamin C, Vitamin E und Betacarotin. Dieses Power-Trio schützt die Zellen vor aggressiven Sauerstoffverbindungen, die bei verschiedenen Krankheiten eine Rolle spielen (zum Beispiel Krebs und Herz-Kreislauf-Erkrankungen).*

# THAILÄNDISCHER POMELOSALAT MIT KNOBLAUCH UND CHILI

*Pro Portion: Kalorien: 250; Fett: 11 g; gesättigte Fettsäuren: 0 g; Protein: 6 g; Kohlenhydrate: 18 g; Zucker: 1 g; Ballaststoffe: 4 g; Vitamin C: 91 mg*

⏱ 30 MIN.

*Zutaten für 4 Portionen*

3 Knoblauchzehen
4 Frühlingszwiebeln
2 rote Chilischoten
2 EL Sesamöl
1 Pomelo (ca. 750 g)
4 Stiele Koriander + etwas zum Garnieren
3 EL Limettensaft
2 EL Fischfond (Glas)
Salz
Pfeffer aus der Mühle
1 Prise Zucker
2 EL gehackte getrocknete Shrimps
2 EL gehackte gesalzene Erdnüsse

1. Den Knoblauch schälen und in dünne Scheiben schneiden.

2. Die Frühlingszwiebeln waschen, trocken schütteln, das Weiße in Ringe und das Grüne in Streifen schneiden.

3. Die Chilischoten ebenfalls waschen, längs halbieren, von den Kernen und weißen Innenwänden befreien und fein würfeln.

4. In einer Pfanne das Öl erhitzen. Knoblauch mit Frühlingszwiebeln und Chili darin 1–2 Minuten andünsten. Vom Herd ziehen und auskühlen lassen.

5. Die Schale dick von der Pomelo abschneiden, sodass dabei auch alles Weiße mit entfernt wird.

6. Die Fruchtfilets zwischen den Trennhäuten herausschneiden und in mundgerechte Stücke schneiden.

7. Den Koriander waschen, trocken schütteln, die Blätter von 4 Stielen abzupfen und fein hacken (den Rest zum Garnieren beiseitelegen).

8. Den Limettensaft mit dem Fischfond verrühren. Mit Salz, Pfeffer und Zucker abschmecken.

9. Pomelofiletstücke mit der Knoblauch-Chili-Mischung, Shrimps, Erdnüssen, gehacktem Koriander und dem Dressing mischen. In Schälchen anrichten, mit Korianderblättern garnieren und servieren.

# SALAT VON GEBRATENEM FENCHEL MIT PETERSILIEN-EI-VINAIGRETTE UND SESAM

*Pro Portion: Kalorien: 181; Fett: 10 g; gesättigte Fettsäuren: 1,7 g; Protein: 12 g;*
*Kohlenhydrate: 9 g; Zucker: 0 g; Ballaststoffe: 12,5 g; Vitamin C: 145 mg*

🕐 25 MIN.

### Zutaten für 2 Portionen

1 TL Sesam

1 Ei

2 Fenchelknollen (à ca. 300 g)

½ Orange

1 EL Rapsöl

Salz

Pfeffer

Currypulver

1 getrocknete eingelegte Tomate

2 EL Gemüsebrühe

1 ½ EL Weißweinessig

5 Stiele glatte Petersilie

........................................

### WARUM GESUND

*Eine Portion enthält die Hälfte unseres Tagesbedarfs an Eisen plus 140 Prozent an Vitamin C – eine clevere Kombi, denn so kann der Körper das Eisen optimal verwerten. Außerdem punktet der Salat mit reichlich Ballaststoffen, wertvollen Fettsäuren und viel Vitamin E.*

........................................

1. Sesam in einer Pfanne ohne Fett rösten und auf einem Teller auskühlen lassen.

2. Ei anpiksen, in einem Topf mit kochendem Wasser in 8–10 Minuten hart kochen.

3. Fenchelknollen putzen, waschen und halbieren, das harte Mittelstück keilförmig herausschneiden. Fenchel in sehr feine Streifen schneiden.

4. Orangenhälfte auspressen.

5. Öl in einer Pfanne erhitzen, Fenchelstreifen darin bei mittlerer Hitze leicht anbraten, dann die Temperatur reduzieren. Fenchel mit Salz, Pfeffer und 1 Prise Currypulver würzen. 4 EL Wasser und 2 EL Orangensaft zugeben und alles zugedeckt bei kleiner Hitze weitere 8 Minuten dünsten.

6. Tomate gut abtropfen lassen, in feine Streifen schneiden und ca. 1 Minute mit dem Fenchel schmoren. Fenchel mit Salz, Pfeffer und Currypulver abschmecken und in eine flache Schale geben.

7. Ei abgießen, unter kaltem Wasser abschrecken, pellen und fein würfeln. Brühe, Essig, Salz und Pfeffer zu einer Soße (Vinaigrette) verrühren und über die Eiwürfel geben.

8. Petersilie waschen, trocken schütteln, Blätter abzupfen und fein hacken. Petersilie unter die Vinaigrette rühren.

9. Die Soße auf dem Fenchel verteilen, Sesam darüberstreuen und am besten lauwarm servieren.

## NOCH SMARTER

*Das würzige und vitaminhaltige Kraut der Fenchelknollen nicht wegwerfen, sondern lieber fein hacken und unter die Salatsoße mischen. Schmeckt klasse und bringt Extra-Vitamine!*

# THAI-KREBSFLEISCHSALAT IN DER PAPAYA

*Pro Portion: Kalorien: 146; Fett: 2 g; gesättigte Fettsäuren: 0,3 g; Protein: 19 g; Kohlenhydrate: 12 g; Zucker: 5 g; Ballaststoffe: 6 g; Vitamin C: 228 mg*

🕐 30 MIN.

## Zutaten für 4 Portionen

2 kleine Paprikaschoten
(1 rote, 1 grüne à ca. 150 g)
1 große Schalotte
3 kleine Papayas (ca. 1 kg)
1 Stück Ingwer (ca. 30 g)
1 rote Chilischote
2 EL Reisessig
3 EL Thai-Fischsoße
1 EL Zucker
¼ TL Salz
350 g Taschenkrebsfleisch
½ Bund Koriander

### NOCH SMARTER
*Sollte Ihr Fischhändler kein Taschenkrebsfleisch vorrätig haben, nehmen Sie stattdessen Shrimps.*

1. Paprikaschoten vierteln, entkernen, waschen und in 5 mm große Würfel schneiden.

2. Schalotte schälen und fein hacken.

3. 1 Papaya schälen, entkernen und in 5 mm große Würfel schneiden.

4. Ingwer schälen, in Stücke schneiden und in einer Knoblauchpresse auspressen, dabei den austretenden Saft auffangen.

5. Chilischote halbieren, entkernen, waschen und fein hacken.

6. Ingwersaft, Essig, Fischsoße, Zucker, Salz und 2 EL Wasser verrühren, bis sich Zucker und Salz aufgelöst haben.

7. Das Krebsfleisch auf eventuell vorhandene Schalenteile untersuchen. Alle vorbereiteten Zutaten in einer Schüssel vorsichtig mischen.

8. Koriander waschen, trocken schütteln, Blätter abzupfen, dabei jedoch die zarten Stiele an den Blättern lassen.

9. Die restlichen Papayas halbieren und die Kerne herauslösen. Papayahälften mit dem Koriander auslegen und den Salat hineinfüllen. Sofort servieren.

## WARUM GESUND

*Vitamine in Hülle und Fülle bieten Sie mit diesem kalorienarmen Snack an. Die Hauptrolle übernimmt das von Papaya und Paprika gelieferte Vitamin C, das den Zellstoffwechsel und das Immunsystem unterstützt.*

# GEGRILLTE THAI-FRÜCHTE AUF ZITRONENGRASSPIESSEN

*Pro Portion: Kalorien: 146; Fett: 2 g; gesättigte Fettsäuren: 0,3 g; Protein: 19 g;*
*Kohlenhydrate: 12 g; Zucker: 5 g; Ballaststoffe: 6 g; Vitamin C: 37 mg*

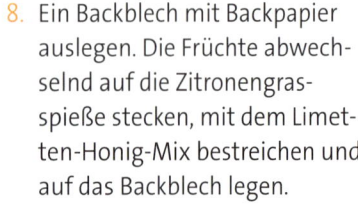

🕐 30 MIN.

### Zutaten für 4 Portionen

4 Stangen Zitronengras
1 Stück Ingwer (ca. 15 g)
1 Bio-Limette
1 EL flüssiger Honig
1 kleine Karambole (ca. 100 g)
8 Physalis
100 g frische Ananas
½ Papaya (ca. 200 g)

1. Zitronengras waschen, putzen und die Stangen jeweils der Länge nach halbieren. Ingwer schälen und fein reiben.

2. Limette heiß abspülen, abtrocknen und mit einem Zestenreißer einige hauchdünne Streifen Schale abziehen.

3. Limette halbieren, auspressen und den Saft in einer kleinen Schüssel mit Ingwer und Honig verrühren.

4. Karambole waschen, trocken tupfen und in Scheiben schneiden.

5. Physalis aus den Hülsen lösen, waschen und trocken tupfen.

6. Ananas schälen, Strunk herausschneiden und Fruchtfleisch in mundgerechte Stücke schneiden.

7. Aus der Papayahälfte mit einem Esslöffel die Kerne herauslösen. Papaya schälen und in mundgerechte Stücke schneiden.

8. Ein Backblech mit Backpapier auslegen. Die Früchte abwechselnd auf die Zitronengrasspieße stecken, mit dem Limetten-Honig-Mix bestreichen und auf das Backblech legen.

9. Fruchtspieße unter dem vorgeheizten Backofengrill 5–8 Minuten grillen, bis die Fruchtkanten hellbraun werden, dabei einmal wenden. Spieße mit Limettenschalenstreifen bestreuen und sofort servieren.

# PAPAYA-MOZZARELLA-CARPACCIO MIT BASILIKUM

*Pro Portion: Kalorien: 197; Fett: 10 g; gesättigte Fettsäuren: 4,5 g; Protein: 8 g;*
*Kohlenhydrate: 17 g; Zucker: 0 g; Ballaststoffe: 4,5 g; Vitamin C: 122 mg*

🕐 15 MIN.

### Zutaten für 2 Portionen

125 g Mozzarella (9 % Fett)

1 reife Papaya (ca. 400 g)

1 große rote milde Chilischote

2 Stiele Basilikum oder Minze

2 TL Rapsöl

½ TL Chiliöl

Salz

grob gemahlener Pfeffer

4 Scheiben Vollkorn-Baguette

1. Mozzarella abtropfen lassen, halbieren und in dünne Scheiben schneiden.

2. Papaya schälen, längs halbieren und die dunklen Kerne mit einem Esslöffel herauslösen. Papayahälften quer in dünne Scheiben schneiden.

3. Chilischote waschen, längs halbieren, putzen, entkernen und der Länge nach in möglichst feine Streifen schneiden.

4. Basilikum oder Minze waschen und trocken schütteln, die Blättchen abzupfen.

5. Papaya- und Mozzarellascheiben mit den Kräuterblättern auf flachen Tellern anrichten und mit Chilistreifen bestreuen.

6. Rapsöl mit Chiliöl und 1 Prise Salz verrühren. Papaya-Mozzarella-Carpaccio damit beträufeln. Etwas Pfeffer darüber mahlen und mit Brot servieren.

### WARUM GESUND

*Papayas haben einen sehr hohen Vitamin-C-Gehalt (rund die Hälfte mehr als Orangen) und reichlich Vitamin A. Die inhaltsreiche Südfrucht enthält außerdem das eiweißspaltende Enzym Papain, das in verschiedenen Arzneimitteln gegen Entzündungen oder Schwellungen Verwendung findet.*

### NOCH SMARTER

*Verwenden Sie für dieses Gericht reife Papayas; unreife Früchte werden eher wie Gemüse verarbeitet. Ausgereifte Exemplare sind an der gelblich bis gelblich-roten Schale erkennbar.*

# KÖRNIGER FRISCHKÄSE MIT PAPRIKA

*Pro Portion: Kalorien: 290; Fett: 15 g; gesättigte Fettsäuren: 4,5 g; Protein: 20 g;*
*Kohlenhydrate: 17 g; Zucker: 0 g; Ballaststoffe: 8 g; Vitamin C: 283 mg*

🕐 **20 MIN.**

### Zutaten für 2 Portionen

1 EL Pinienkerne (15 g)
1 gelbe Paprikaschote
1 rote Paprikaschote
1 Handvoll Rucola (40 g)
250 g körniger Frischkäse
1 EL Olivenöl
1 EL Weißweinessig
Salz
Pfeffer

1. Pinienkerne in einer Pfanne ohne Fett bei mittlerer Hitze rösten, bis sie duften. Herausnehmen und beiseitestellen.

2. Paprikaschoten waschen, putzen und in kleine Würfel schneiden.

3. Rucola waschen, trocken schleudern und hacken.

4. Pinienkerne mit Paprika, Rucola, Frischkäse, Öl und Essig vermischen. Mit Salz und Pfeffer abschmecken, in 2 Schalen verteilen und servieren.

# ARTISCHOCKENSALAT MIT GRAPEFRUIT

*Pro Portion: Kalorien: 383; Fett: 18,7 g; gesättigte Fettsäuren: 2,7 g;*
*Protein: 13,7 g; Kohlenhydrate: 51,8 g; Zucker: 0 g; Ballaststoffe: 23,4 g;*
*Vitamin C: 80,2 mg*

⏱ **30 MIN.**

## Zutaten für 4 Portionen

12 kleine Artischocken

3 EL Zitronensaft

Salz

1 Grapefruit

1 TL Honig

2 EL Apfelessig

4 EL Pflanzenöl

150 g schwarze
Oliven, entsteint

2 EL frisch gehackte Kräuter
(z. B. Kerbel und Petersilie)

Salz

Chiliflocken

120 g gemischter Blattsalat
(z. B. Rucola, Feldsalat,
Brunnenkresse, Sauerampfer)

1. Die Artischocken putzen, dabei den Stiel zum Teil stehen lassen und schälen. Harte Blätter und Blattspitzen abschneiden.

2. Die geputzten Artischocken längs vierteln und sofort mit etwas Zitronensaft beträufeln. In einem Topf mit Salzwasser in 4–5 Minuten weich garen. Abgießen und abkühlen lassen.

3. Die Grapefruit gründlich schälen und die Filets zwischen den Trennwänden herausschneiden. Den Saft vom restlichen Fruchtfleisch ausdrücken und mit dem Honig, dem Essig und dem Öl zu einem Dressing verrühren.

4. Die Oliven gut abtropfen lassen, 4–5 Stück fein hacken und mit den Kräutern unter das Dressing mengen. Mit Salz und Chili abschmecken.

5. Übrige Oliven mit allen vorbereiteten Salatzutaten auf Tellern anrichten, mit Dressing überträufeln und servieren.

# BULGUR-AVOCADO-SALAT MIT MINZE UND SCHAFSKÄSE

*Pro Portion: Kalorien: 514; Fett: 27 g; gesättigte Fettsäuren: 6 g; Protein: 17 g; Kohlenhydrate: 48 g; Zucker: 2 g; Ballaststoffe: 11 g; Vitamin C: 142 mg*

🕐 **15 MIN.**

### Zutaten für 2 Portionen

200 ml Gemüsebrühe
100 g Bulgur
1 rote Paprikaschote (ca. 200 g)
3 Frühlingszwiebeln
½ Bund Minze
1 Zitrone
1 kleine Avocado (ca. 140 g)
2 EL Olivenöl
½ TL flüssiger Honig
½ TL gemahlener Kreuzkümmel
Salz
Pfeffer
100 g fettreduzierter Schafskäse

### NOCH SMARTER

*Variante für Liebhaber von Fisch und Meeresfrüchten: Geben Sie ein paar Krabben anstelle des Schafskäses über den Salat.*

1. Gemüsebrühe in einem Topf aufkochen, den Bulgur hineingeben und zugedeckt bei kleiner Hitze 5 Minuten köcheln lassen. Dann Herdplatte ausschalten und den Bulgur weitere 5–10 Minuten ausquellen lassen.

2. Inzwischen die Paprikaschote vierteln, entkernen, waschen und in Streifen schneiden.

3. Frühlingszwiebeln putzen, waschen und in feine Ringe schneiden.

4. Minze waschen, trocken schütteln, die Blättchen abzupfen und in Streifen schneiden.

5. Zitrone halbieren und den Saft auspressen. Avocado halbieren, den Stein entfernen. Avocado schälen und das Fruchtfleisch würfeln.

6. Avocadofruchtfleisch in eine Salatschüssel geben und sofort mit 1 EL Zitronensaft vermischen, damit es nicht braun wird. Bulgur, Paprika, Minze und Frühlingszwiebeln dazugeben.

7. Restlichen Zitronensaft, Olivenöl, Honig, Kreuzkümmel, Salz und Pfeffer in einer kleinen Schüssel zu einem Dressing verquirlen. Über die vorbereiteten Zutaten geben und alles vermischen. Mit Salz und Pfeffer abschmecken.

8. Salat auf zwei Teller verteilen. Schafskäse mit einer Gabel zerbröckeln und darüberstreuen.

## WARUM GESUND

*Hier tanken Sie eine Mischung aus wichtigen Mineralstoffen (Kalium, Kalzium, Magnesium) und dem Spuren-element Eisen, die jeweils zu 30 Prozent des Tagesbedarfs enthalten sind. Die Aufnahme und Verwertung des pflanzlichen Eisens wird dabei durch das zu fast 150 Prozent des Tagesbedarfs vorhandene Vitamin C gefördert.*

# SALAT MIT FENCHEL, ZITRUSFRÜCHTEN UND GRÜNEM SPARGEL

*Pro Portion: Kalorien: 457; Fett: 23 g; gesättigte Fettsäuren: 9,8 g; Protein: 22 g; Kohlenhydrate: 34 g; Zucker: 0 g; Ballaststoffe: 14 g; Vitamin C: 313 mg*

🕐 35 MIN.

*Zutaten für 2 Portionen*

2 Bio-Orangen
1 Grapefruit
1 große Fenchelknolle (ca. 300 g)
300 g grüner Spargel
4 EL leichte Vinaigrette
1 Römersalatherz
2 Chicorée (ca. 250 g)
Meersalz
grob gemahlener Pfeffer
125 g Mozzarella

1. Orangen und Grapefruit so dick schälen, dass dabei die weiße Haut mit entfernt wird. Früchte in Scheiben schneiden.

2. Fenchel putzen, waschen, das Grün beiseitelegen. Fenchel in sehr dünne Scheiben hobeln.

3. Spargel putzen, eventuell das untere Drittel schälen und das holzige Ende abschneiden. Spargelstangen in sehr dünne Scheiben schneiden.

4. Spargel, Fenchel, Zitrusscheiben und Vinaigrette in einer Schüssel vermischen und 15 Minuten ziehen lassen.

5. Römersalat putzen, waschen und trocken schleudern. Chicorée waschen, putzen, dabei die harten Mittelstrünke keilförmig herausschneiden. Chicorée in dünne Ringe schneiden.

6. Salat und Chicorée mit den übrigen Zutaten mischen, mit Salz und Pfeffer würzen und dekorativ in einer großen Schüssel anrichten.

7. Mozzarella abtropfen lassen und in kleine Stücke zupfen. Über den Salat verteilen. Fenchelgrün hacken und über den Salat streuen.

## NOCH SMARTER

*Falls Sie jede Fettkalorie zählen: Probieren Sie es doch einmal mit Mozzarella in der Light-Variante. Und auch ganz ohne Käse ist dieser Salat eine knackig-frische Kombination!*

## WARUM GESUND

*Mehr Vitamin- und Mineralstoffpower geht nicht! Eine Portion beliefert uns unter anderem mit dem drei-*
*fachen Tagesbedarf an Vitamin C. Als Kofaktor bei der Kollagensynthese ist es für die Neubildung von*
*Knochen, Knorpel und Zahnsubstanz unerlässlich. Und natürlich wird den Abwehrkräften damit gewaltig*
*auf die Sprünge geholfen.*

# CHICORÉE MIT PAPRIKA-WALNUSS-DRESSING

*Pro Portion: Kalorien: 290; Fett: 27,2 g; gesättigte Fettsäuren: 3,2 g; Protein: 3,5 g;
Kohlenhydrate: 10,5 g; Zucker: 1,2 g; Ballaststoffe: 4,9 g; Vitamin C: 54,6 mg*

🕐 35 MIN.

*Zutaten für 4 Portionen*

4 Chicorée
3 EL Zitronensaft
5 EL Olivenöl
Salz
1 EL weißer Balsamicoessig
1 TL Agavendicksaft
1 EL frisch gehackter Estragon
geschroteter Pfeffer
60 g Walnusskerne
2 Paprikaschoten (rot und gelb)

1. Den Backofen auf 160 °C Ober-/Unterhitze (Umluft: 140 °C, Gas: Stufe 1-2) vorheizen.

2. Chicorée waschen, putzen und längs halbieren. Mit den Schnittflächen nach oben auf ein mit Backpapier belegtes Backblech legen.

3. 1 EL Zitronensaft mit 2 EL Olivenöl verrühren. Den Chicorée damit bestreichen, salzen und im vorgeheizten Ofen ca. 15 Minuten backen.

4. Für das Dressing das übrige Öl mit restlichem Zitronensaft, dem Essig, dem Agavendicksaft und Estragon verquirlen. Mit Salz und Pfeffer abschmecken.

5. Die Walnüsse grob hacken. Die Paprikaschoten waschen, halbieren, putzen und fein würfeln. Beides unter das Dressing mischen.

6. Den Chicorée auf Teller verteilen, das Dressing darüberträufeln und servieren.

# PAPRIKA-TOMATEN-OMELETT

*Pro Portion: Kalorien: 205; Fett: 7,1 g; gesättigte Fettsäuren: 1,6 g;*
*Protein: 18,9 g; Kohlenhydrate: 15,2 g; Zucker: 0 g; Ballaststoffe: 3,9 g;*
*Vitamin C: 72,4 mg*

🕐 **25 MIN.**

### Zutaten für 4 Portionen

2 Zwiebeln
2 rote Paprikaschoten
4 Tomaten
150 g gekochter
Schinken in Scheiben
2 EL Rapsöl
6 Eier
1 EL frisch gehackte Petersilie
1 EL frisch gehackter Thymian
Salz
Pfeffer aus der Mühle

1. Zwiebeln schälen und in Ringe schneiden.

2. Paprika waschen, halbieren, putzen und in Streifen schneiden.

3. Tomaten einige Sekunden mit heißem Wasser über-brühen. Anschließend häuten, vierteln, entkernen und würfeln.

4. Schinken in Streifen schneiden.

5. Öl in einer Pfanne erhitzen. Zwiebeln und Paprika darin ca. 5 Minuten dünsten. Dann die Tomaten zugeben und kurz mitdünsten lassen.

6. Eier mit den Kräutern verquirlen, salzen und pfeffern. Zum Gemüse gießen, Schinken zufügen und alles bei milder Hitze stocken lassen.

7. Nach ca. 3 Minuten auf einen passenden Deckel gleiten lassen, wenden und weitere 3 Minuten braten.

8. Omelett in Stücke schneiden und servieren. Dazu nach Belieben Baguette oder Ciabatta reichen.

# GRAPEFRUIT-KRESSE-SALAT

*Pro Portion: Kalorien: 162; Fett: 7,4 g; gesättigte Fettsäuren: 1 g; Protein: 2,6 g;*
*Kohlenhydrate: 25 g; Zucker: 0 g; Ballaststoffe: 4,2 g; Vitamin C: 97,7 mg*

🕐 **25 MIN.**

### Zutaten für 4 Portionen

3 rosa Grapefruits

1 rote Zwiebel

1 Bio-Orange

1 Zitrone

1 Knoblauchzehe

2 EL Olivenöl

1 TL Senf

Salz

Pfeffer

2 Bund Brunnenkresse

1. Die Grapefruits dick schälen und die Fruchtfilets zwischen den Trennhäuten herausschneiden. Dabei austretenden Saft in einer Schüssel auffangen.

2. Zwiebel schälen, halbieren und in feine Streifen schneiden.

3. Orange gut waschen und trocken reiben. Schale fein abreiben. Zitrone halbieren und auspressen.

4. Knoblauch schälen und fein hacken.

5. Orangenschale, Grapefruit- und Zitronensaft mit Knoblauch, Olivenöl, Senf, Salz und Pfeffer zu einem Dressing verrühren.

6. Brunnenkresse waschen und trocken schütteln.

7. Kresse auf einer flachen Platte ausbreiten, Grapefruitfilets fächerförmig darauf anrichten, Zwiebelstreifen darübergeben und alles mit dem Dressing beträufeln. Salat 10 Minuten ziehen lassen, dann servieren.